MENUS
COCOTTES

MENUS
COCOTTES

PLUS DE 100 RECETTES ORIGINALES DE MINI COCOTTES

JOSÉ MARÉCHAL

Photographies de Charlotte Lascève
Stylisme Élodie Rambaud

MARABOUT

En fonte ou en céramique, colorées ou plus rustiques, les cocottes s'invitent aujourd'hui à notre table. Une multitude de recettes peuvent être préparées en mini cocottes, en effet, rien de plus facile que d'adapter vos recettes fétiches ou alors d'innover selon vos envies, les produits de saison ou le thème de votre repas et ainsi créer de jolies et gourmandes mini cocottes.

Les œufs, la volaille, les légumes, les coquilles Saint-Jacques, autant de produits incontournables à décliner en un tour de main comme je vous le propose dans la première partie. Vous pourrez aussi, à la dernière minute, accommoder les restes du frigo selon les goûts de chacun, en de délicieuses mini cocottes express et personnalisées.

Fini les portions « à la louche », les sauces qui dégoulinent et les assiettes trop garnies, les petites cocottes sont servies dès leur sortie du four, bien chaudes et savoureuses. Petites par leur taille et individuelles, elles rassurent l'appétit de vos convives qui n'hésiteront pas à se régaler autour d'un menu cocotte.
Pour débuter le repas, comme mini plat sur les thèmes bistrot ou exotique, en accompagnement mais aussi en dessert, elles créent la surprise autour de la table et nous font voyager le temps d'un repas convivial.

Je vous propose de découvrir au fil du livre, des recettes simples et gourmandes, des astuces, des bases de marinades pour créer vos propres recettes mais aussi des idées de plateaux gourmands qui vous aideront, j'en suis sûr, à composer vous-même vos menus cocottes.

Alors, à vos cocottes… et bon appétit !

BIEN CUIRE EN MINI COCOTTES

PORTIONNER
Tailler les ingrédients en plusieurs morceaux plus ou moins à la dimension des mini cocottes pour une cuisson plus rapide, plus juste mais aussi pour déguster plus aisément ces mini plats.

PRÉCUIRE
Saisir les morceaux de viande, blanchir les légumes à l'eau bouillante, faire revenir ou caraméliser certains fruits avant de terminer la cuisson en cocottes avec un fond de sauce, un bouillon, un vin ou une crème afin que les produits ne se dessèchent pas.

MARINER
Attendrir et parfumer les différents ingrédients cuisinés en cocottes grâce à des condiments, des sauces plus ou moins exotiques, des jus de fruits, du miel, des épices…

CUIRE
Phase finale de la cuisson des cocottes, au four le plus souvent.

AU BAIN-MARIE
C'est placer les cocottes dans une plaque à rebords hauts remplie à mi-hauteur d'eau et enfourner à température moyenne (150 °C ou th. 4-5).

BRAISER
C'est cuire les ingrédients dans les cocottes remplies à mi-hauteur d'une préparation liquide (bouillon, jus crémeux, marinade, etc.) et d'une garniture aromatique.

RÔTIR
C'est cuire à four très chaud des cocottes dont les ingrédients ont été préalablement cuits, blanchis, etc., pour leur donner une jolie couleur dorée.

COCOTTES SURPRISES…
À DÉCLINER SELON SES ENVIES…

LA PÂTE FEUILLETÉE OU BRISÉE :
Découper des cercles de pâte d'environ 13 cm de diamètre pour recouvrir vos petites cocottes déjà garnies. Légèrement badigeonnés de jaune d'œuf, ils font office de couvercle à la cuisson et ainsi permettent de préserver tous les parfums et les saveurs de vos recettes. À la sortie du four, ces cocottes dorées sauront aussi créer la surprise autour de la table avant que les convives ne cassent la croûte…

LA PÂTE FILO :
La pâte filo est une pâte très fine utilisée dans la cuisine méditerranéenne. Son épaisseur peut varier de quelques millimètres mais sa finesse apporte encore plus de croustillant à vos recettes. Très fragile et délicate à manipuler, elle reste quand même pour moi la plus adaptée pour faire de vos cocottes de jolies et croustillantes surprises. Il vous suffit de la badigeonner légèrement, comme pour les feuilles de brick, suivant vos recettes, puis d'en recouvrir les cocottes juste avant de les enfourner. Vous la trouverez surgelée ou plus facilement dans les épiceries turques et grecques.

LA FEUILLE DE BRICK :
La feuille de brick présente l'avantage d'être résistante et on la trouve facilement. Elle fera très bien l'affaire pour habiller vos cocottes et les transformer en surprises. Prenez soin, vu son épaisseur, de la détailler en bandes, de l'enduire légèrement de beurre fondu, d'huile d'olive, de miel ou de sirop d'érable suivant vos recettes, et de n'utiliser que la quantité nécessaire pour recouvrir les cocottes. Ainsi elles seront dorées uniformément et plus rapidement.

LA PÂTE KADAÏF :
La pâte kadaïf est présentée sous la forme de vermicelles de pâte fraîche. Plus connue sous l'appellation de « cheveux d'anges » et beaucoup utilisée dans la cuisine orientale, elle permet de réaliser des recettes originales et croustillantes. Détacher délicatement ces longs filaments dans un saladier puis les imprégner de matière grasse, de sucre glace ou de miel avant de les disposer soigneusement sur vos cocottes comme des petits nids. Vous trouverez la pâte kadaïf au rayon frais des épiceries orientales.

pâte feuilletée

feuille de brick

pâte filo

pâte kadaïf

VELOUTÉ DE CRESSON AU SAUMON EN COCOTTES FEUILLETÉES

POUR 8 COCOTTES
préparation : 40 minutes
réfrigération : 15 minutes
cuisson : 30 minutes

2 belles bottes de cresson
½ blanc de poireau
½ branche de céleri
1 gousse d'ail
20 g de beurre
1,5 l d'eau
600 g de filet de saumon frais sans peau
15 cl de crème liquide
muscade
8 disques de pâte feuilletée de 13 cm de diamètre
3 jaunes d'œufs
sel et poivre
80 g de sésame (facultatif)

La préparation des ingrédients

Effeuiller le cresson, bien laver les feuilles dans de l'eau vinaigrée puis les égoutter.
Émincer finement le poireau, le céleri et l'ail.

Faire fondre le beurre dans un faitout, à feu moyen. Ajouter le poireau, le céleri et l'ail, faire suer 1 à 2 minutes puis ajouter l'eau, saler généreusement et porter à ébullition. Pendant ce temps, détailler le saumon en cubes d'environ 40 g et réserver au frais.

Ajouter la crème liquide au bouillon, laisser réduire doucement environ 10 minutes puis ajouter les feuilles de cresson et cuire 5 à 7 minutes. Mixer finement le velouté, ajouter la muscade et rectifier l'assaisonnement. Laisser refroidir un peu puis répartir dans les cocottes à mi-hauteur et ajouter les cubes de saumon.

Le montage des cocottes

À l'aide d'un pinceau, badigeonner d'eau froide le pourtour des cercles de pâte feuilletée sur environ 2 cm de large. Retourner les cercles sur les cocottes et presser les bords afin de bien faire adhérer la pâte. Mélanger les jaunes d'œufs avec quelques gouttes d'eau et une pointe de sel puis dorer la pâte feuilletée. Si vous le souhaitez, vous pouvez parsemer délicatement les rebords de sésame.

Préchauffer le four à 200 °C (th. 6-7). Mettre les cocottes au frais 15 minutes. Les enfourner ensuite pour 15 minutes.

Astuce

Vous pouvez réaliser ces cocottes la veille et les réserver au réfrigérateur.

COCOTTE DE ROUGETS EN CHEVEUX D'ANGE, TAPENADE ET TOMATES CONFITES

POUR 6 À 8 COCOTTES
préparation : 25 minutes
cuisson : 1 heure 30 pour les tomates (à réaliser la veille pour gagner du temps)
       + 15 minutes pour les cocottes

16 filets de rouget
250 g de tapenade d'olives noires
8 tomates grappe
5 gousses d'ail
2 branches de thym
1 branche de romarin
25 cl d'huile d'olive
sel et poivre du moulin
30 g de sucre en poudre
200 g de pâte kadaïf (voir cocottes surprises p. 8)

La préparation des ingrédients

Déposer dans le fond d'un plat à rebords pouvant aller au four le romarin, le thym, les gousses d'ail non épluchées, puis verser l'huile d'olive.

Après les avoir lavées, inciser légèrement la base des tomates puis les placer dans le plat sur l'huile et les aromates. Saler, poivrer et saupoudrer de sucre en poudre.

Cuire au four à 120 °C (th. 4) (120 °C) pendant 1 heure 30 environ.

Laisser refroidir les tomates dans leur plat de cuisson à température ambiante.

Le montage des cocottes

Retirer délicatement les tomates confites de l'huile puis les répartir dans les cocottes.

Du bout des doigts, retirer la peau et le pédoncule des tomates, puis les presser légèrement pour qu'elles épousent bien le fond des cocottes.

Parer et tailler si nécessaire les filets de rouget.

Ajouter une petite cuillerée à soupe de tapenade sur les tomates confites puis disposer les filets de rougetafin de recouvrir toute la surface.

Préchauffer le four à 180 °C (th. 6).

Recouvrir soigneusement les cocottes de pâte kadaïf, comme de jolis nids, puis arroser avec un peu d'huile de cuisson des tomates.

Enfourner quinze minutes environ puis servir aussitôt.

MAGRET DE CANARD CROUSTILLANT AUX FRUITS DU MENDIANT

POUR 8 COCOTTES
préparation : 35 minutes
cuisson : 25 minutes

2 magrets de canard
1 paquet de pâte filo ou de feuilles de brick
120 g d'abricots secs
120 g de pruneaux
120 g de figues séchées
4 sachets de thé
120 g de miel
15 g de raz el hanout (épices à couscous) ou cumin, curry, cardamome

La préparation des ingrédients

Porter 50 cl d'eau à ébullition puis, hors du feu, faire infuser les sachets de thé quelques minutes. Retirer les sachets de thé puis plonger les fruits secs afin de les réhydrater. Les laisser gonfler et refroidir dans le thé à température ambiante.

À l'aide d'un couteau, quadriller le gras des magrets.

Les déposer côté graisse dans une poêle antiadhésive, laisser fondre la graisse à feu doux pendant 7 minutes environ puis retourner les magrets côté chair et poursuivre la cuisson 1 minute à peine. Les débarrasser sur un papier absorbant et les laisser refroidir.

Pendant ce temps, découper les feuilles de brick ou la pâte filo à l'aide de ciseaux afin d'obtenir 16 bandes de 20 cm de long sur 10 cm de large environ.

Étaler 8 bandes sur le plan de travail, les badigeonner légèrement de miel à l'aide d'un pinceau puis coller dessus les 8 bandes restantes.

Découper les magrets dans le sens de la largeur en tranches d'environ 1 cm d'épaisseur.

Déposer en bas de chaque bande 3 à 4 tranches de magret, sans trop les espacer.
Replier les feuilles en remontant jusqu'en haut avant de rabattre les côtés afin de terminer les petits croustillants. Les réserver au réfrigérateur.

Le montage des cocottes

Préchauffer le four à 210 °C (th. 7).

Répartir les fruits dans le fond des cocottes et les arroser d'un peu de thé.

Déposer sur chaque cocotte un croustillant de canard, les badigeonner à nouveau d'un peu de miel, saupoudrer d'un peu d'épices puis enfourner pour 7 minutes environ.

À la sortie du four, servir aussitôt.

COCOTTE DE SAINT-JACQUES AU THÉ ET À LA CITRONNELLE

POUR 6 À 8 COCOTTES
préparation : 30 minutes
cuisson : 35 minutes

6 à 8 noix de Saint-Jacques
1 chou chinois
25 g de thé
2 bâtons de citronnelle
1 l de bouillon de légumes (3 cubes)
2 c. à soupe d'huile d'olive
sel et poivre

La préparation des ingrédients

Retirer le cœur du chou puis l'émincer finement.

Chauffer une casserole remplie d'eau salée et à l'ébullition, plonger le chou pendant 2 minutes puis l'égoutter et le refroidir sous un filet d'eau froide. Réserver.

Chauffer le bouillon de légumes sur feu moyen avec les bâtons de citronnelle émincés puis ôter du feu à l'ébullition, ajouter le thé et laisser infuser.

Pendant ce temps, chauffer sur feu vif l'huile d'olive dans une poêle et saisir les Saint-Jacques 1 minute de chaque côté. Débarrasser et réserver sur un papier absorbant.

Le montage des cocottes

Préchauffer le four à 180 °C (th. 6).

Répartir le chou dans les cocottes à mi-hauteur.

Filtrer le bouillon au thé à l'aide d'une passoire fine ou d'un chinois. Le répartir dans les cocottes afin de bien recouvrir le chou.

Disposer une Saint-Jacques dans chaque cocotte, saler et poivrer puis couvrir et enfourner pour 6 à 7 minutes. Servir aussitôt.

SAINT-JACQUES À L'ESCABÈCHE DE LÉGUMES ET ÉPICES DOUCES

POUR 8 COCOTTES
préparation : 35 minutes
cuisson : 25 minutes

8 noix de Saint-Jacques
2 carottes
2 courgettes
¼ de chou blanc
1 poivron rouge
1 oignon
15 cl de vin blanc
1 petite c. à soupe de miel
5 cl de de vinaigre de cidre (ou d'alcool blanc)
10 cl d'huile d'olive
8 étoiles de badiane (anis)
1 c. à soupe de coriandre en graines
3 pincées de curry
3 pincées de cumin
2 pincées de curcuma
2 pincées de quatre-épices
sel et poivre du moulin

La préparation des ingrédients

Éplucher et laver les légumes puis, à l'aide d'une mandoline ou d'une râpe à légumes, les tailler en fins filaments (pour les courgettes, n'utiliser que le vert).

Ciseler l'oignon.

Dans une casserole, chauffer le vin blanc, l'oignon, le miel, le vinaigre, 8 cl d'huile d'olive et les épices jusqu'à ébullition puis ajouter les légumes. Bien mélanger, saler et poivrer.

Laisser mijoter à feu doux quelques minutes, sans cesser de remuer jusqu'à la reprise de l'ébullition puis réserver à couvert hors du feu.

Le montage des cocottes

Répartir un peu de légumes dans les cocottes et les arroser de jus aux épices.

Badigeonner légèrement au pinceau les Saint-Jacques d'huile d'olive.

Chauffer à feu vif une poêle antiadhésive et saisir les Saint-Jacques 20 secondes de chaque côté. Réserver sur un papier absorbant.

Juste avant de servir, enfourner les cocottes à four moyen pour 8 minutes environ.

Ajouter les Saint-Jacques à la dernière minute de cuisson en les arrosant avec le jus aux épices.

SAINT-JACQUES AU FENOUIL, TUILE DE PARMESAN

POUR 6 À 8 COCOTTES
préparation : 35 minutes
cuisson : 40 minutes

6 à 8 noix de Saint-Jacques
3 bulbes de fenouil
40 g de beurre
30 cl de crème fraîche liquide
2 c. à soupe de pastis (facultatif)
1 c. à soupe d'huile d'olive
200 g de parmesan râpé
sel et poivre du moulin

La préparation des ingrédients

Nettoyer les bulbes de fenouil (retirer les tiges vertes, les feuilles les plus dures et le cœur) et les émincer.

Dans un faitout ou une grande cocotte, faire fondre le beurre puis faire revenir le fenouil à feu doux 8 minutes environ, en mélangeant bien pour éviter qu'il n'attache. Saler et poivrer.

Ajouter le pastis, la crème et laisser mijoter à feu doux 12 minutes environ.

Réserver hors du feu.

Préchauffer le four à 180 °C (th.6).

Sur une plaque antiadhésive ou une toile siliconée, disposer des petits disques de parmesan râpé d'environ 7 cm de diamètre, en prenant soin de bien les espacer.

Enfourner et cuire 7 minutes environ.

À la sortie du four, laisser tiédir les tuiles 1 minute sur la plaque avant de les décoller délicatement à la spatule.

Le montage des cocottes

Répartir le fenouil crémeux dans les cocottes.

Badigeonner légèrement au pinceau les Saint-Jacques d'huile d'olive.

Chauffer à feu vif une poêle antiadhésive et saisir les Saint-Jacques 20 secondes de chaque côté. Réserver sur un papier absorbant.

Juste avant de servir, enfourner les cocottes à four moyen pour 10 minutes environ.

Ajouter les Saint-Jacques seulement à la dernière minute de cuisson.

Servir les cocottes accompagnées des tuiles de parmesan.

LA COQUILLE SAINT-JACQUES,
À DÉCLINER SELON SES ENVIES...

Préférer des coquilles entières et vivantes, si possible Label Rouge, donc de belle taille et coraillées, dont la fraîcheur et le goût sont garantis. Voici quelques idées colorées, épicées, douces ou crémeuses pour les accompagner et les servir en mini cocottes.

Attention : les coquilles Saint-Jacques ne supportent pas d'être trop cuites ; elles seront donc poêlées puis déposées à la dernière minute sur ces quelques garnitures bien chaudes.

1. COURGETTES POÊLÉES AU LARD
Une simple poêlée de courgettes à l'huile d'olive, relevée de fines lanières de lard.

2. POMMES RATTES ÉCRASÉES AUX OLIVES NOIRES
Une fois cuites, ces jeunes pommes de terre à chair ferme seront épluchées puis écrasées à la fourchette. Les parfumer généreusement d'huile d'olive et ajouter de petits copeaux d'olives noires.

3. PURÉE DE PATATE DOUCE AU LAIT DE COCO
Un peu d'exotisme avec cette purée de patate douce au lait de coco. Son onctuosité et sa finesse épouseront à merveille les noix de Saint-Jacques. Parsemer de quelques feuilles de coriandre fraîche et voilà, à coup sûr, des cocottes ensoleillées et savoureuses.

4. MOUSSELINE DE POMME VITELOTTE
La pomme vitelotte, colorée et au petit goût de noisette, moulinée avec une autre variété de pomme de terre et un peu de crème fraîche, accueillera volontiers les noix de Saint-Jacques sur une jolie mousseline mauve.

5. HOUMOUS AU CUMIN
Une fine purée de pois chiche au tahiné (pâte de sésame), rehaussée de cumin et légèrement adoucie avec de la crème, et le tour est joué !

6. PURÉE DE POMME DE TERRE AUX FRAMBOISES ET POIVRE DE SICHUAN
Apporter une pointe de douceur et d'acidité à une purée de pomme de terre en lui ajoutant quelques framboises écrasées. Relevée d'un peu de poivre de Sichuan concassé, cette purée accompagnera les Saint-Jacques avec subtilité et élégance.

ŒUFS POCHÉS EN COCOTTES AU CHÈVRE ET À LA MENTHE

POUR 6 À 8 COCOTTES
préparation : 20 minutes
cuisson : 20 minutes

12 à 16 œufs
3 crottins de chèvre frais
1 botte de menthe fraîche
1 l de crème liquide
2 c. à soupe de mascarpone
1 verre de vinaigre blanc
sel et poivre du moulin

La préparation des ingrédients

Sortir les œufs du réfrigérateur 30 minutes à l'avance afin qu'ils soient à température ambiante lors de leur utilisation. Remplir d'eau une casserole à bords hauts et mettre à chauffer avec le vinaigre jusqu'à frémissements.

Pendant ce temps, casser les œufs séparément dans des ramequins. Faire glisser délicatement les œufs, un par un, dans l'eau frémissante, les laisser pocher 3 minutes puis les sortir délicatement à l'aide d'une écumoire et les refroidir 1 à 2 minutes dans de l'eau bien froide. Égoutter les œufs et les disposer sur un papier absorbant.

Chauffer, dans une casserole, la crème et le mascarpone, saler, poivrer et laisser réduire à feu doux 8 minutes environ. Laver, effeuiller et ciseler finement la menthe. Couper les crottins en rondelles d'environ 1 cm d'épaisseur.

Le montage des cocottes

Préchauffer le four en position gril (pour mieux gratiner le chèvre) à 220 °C (th. 7-8). Disposer 2 œufs dans chaque cocotte, napper de crème au mascarpone, parsemer de menthe et terminer par 1 rondelle de chèvre. Enfourner les cocottes et surveiller la cuisson (environ 4 à 5 minutes). Attention, les œufs sont déjà pochés et ne doivent plus cuire ! Seul le chèvre doit fondre dans la crème et gratiner légèrement.

Astuce

Les œufs pochés peuvent être confectionnés la veille ; les conserver dans de l'eau au réfrigérateur, protégés d'un film alimentaire.

FRITTATA DE LÉGUMES

POUR 6 À 8 COCOTTES
préparation : 20 minutes
cuisson : 45 minutes

2 courgettes
2 carottes
1 poivron rouge
2 oignons
8 œufs
10 cl de crème fraîche liquide
100 g de fromage râpé
1 pointe de piment en poudre
50 g de beurre mou
5 cl d'huile d'olive
quelques herbes fraîches
sel

La préparation des ingrédients

Éplucher les carottes et les oignons. Après les avoir lavés, tailler tous les légumes en petits cubes et ciseler les oignons.

Chauffer l'huile d'olive dans un wok ou une sauteuse puis précuire tous les légumes à feu moyen, en remuant bien, pendant 10 minutes environ. Les égoutter et laisser refroidir à température ambiante.

Le montage des cocottes

À l'aide d'un pinceau, badigeonner les cocottes de beurre mou.

Dans un grand bol, battre légèrement les œufs, la crème fraîche, le piment en poudre, les herbes ciselées et le fromage râpé. Saler.

Préchauffer le four à 180 °C (th. 6).

Répartir les légumes dans les cocottes aux deux tiers de leur hauteur puis verser les œufs battus à la crème dans chacune d'elles. Placer les cocottes dans un plat à rebords rempli à moitié d'eau et cuire au bain-marie, au four, pendant 30 minutes environ.

Servir aussitôt les cocottes, accompagnées d'une salade verte ou comme petit plat du plateau cocottes végétarien avec une polenta gratinée à la tomate (recette p. 128).

ŒUFS COCOTTES FORESTIERS

POUR 6 À 8 COCOTTES
préparation : 15 minutes
cuisson : 25 minutes

6 à 8 œufs
1 kg de champignons forestiers : girolles, cèpes, pleurotes, mousserons…
(si vous utilisez un mélange surgelé, le faire décongeler bien à l'avance
dans une passoire pour retirer le maximum d'eau)
2 gousses d'ail
½ botte de persil
60 cl de crème fraîche liquide
10 cl d'huile d'olive
sel et poivre du moulin

La préparation des ingrédients

Éplucher l'ail et effeuiller le persil. Hacher le tout finement.

Chauffer l'huile d'olive dans une poêle ou un wok puis poêler les champignons avec l'ail et le persil haché. Saler et poivrer. Débarrasser les champignons dans une passoire afin de retirer l'excédent d'eau.

Le montage des cocottes

Préchauffer le four à 170 °C (th. 5-6).

Répartir les champignons dans les cocottes.

Préparer un bain-marie pouvant aller au four et y déposer les cocottes. Verser dans chacune d'elles un peu de crème liquide à hauteur des champignons puis casser délicatement les œufs au centre, enfourner et cuire environ 7 à 8 minutes.

Surveiller tout de même la cuisson pour que le jaune reste crémeux, puis servir les œufs cocottes aussitôt accompagnés de mouillettes de pain et, selon votre goût, ajouter 1 ou 2 tours de moulin à poivre.

ŒUFS BASQUAISE EN COCOTTES

POUR 6 À 8 COCOTTES
préparation : 15 minutes
cuisson : 30 minutes

6 à 8 œufs
2 poivrons rouges
2 poivrons jaunes
2 oignons
2 gousses d'ail
1 petite boîte de tomates pelées
2 pincées de sucre en poudre
2 pincées de piment d'Espelette en poudre
3 c. à soupe d'huile d'olive
sel et poivre

La préparation des ingrédients

Éplucher les oignons et l'ail et épépiner les poivrons.

Écraser l'ail, émincer finement les oignons et les poivrons. Verser l'huile d'olive et l'ail dans une casserole et chauffer à feu moyen, faire suer les oignons et les poivrons puis ajouter le piment, le sucre et les tomates égouttées et coupées en deux. Saler, poivrer et cuire à feu doux pendant 20 à 25 minutes, en remuant de temps en temps.

Le montage des cocottes

Préchauffer le four à 180 °C (th. 6).

Répartir la basquaise dans les cocottes.

Préparer un bain-marie pouvant aller au four et y déposer les cocottes. Casser délicatement les œufs au centre de chaque cocotte, enfourner et cuire environ 7 à 8 minutes.

ŒUFS MEURETTE EN COCOTTES

POUR 6 À 8 COCOTTES
préparation : 20 minutes
cuisson : 15 minutes

6 à 8 œufs
180 g de lardons fumés
3 échalotes
1 oignon
75 cl de vin rouge
50 g de beurre
1 c. à café de sucre en poudre
poivre du moulin

La préparation des ingrédients

Verser le vin dans une casserole de taille moyenne et porter à ébullition. Dès qu'il commence à bouillir, retirer la casserole du feu et flamber le vin pour faire brûler l'alcool. Remettre la casserole sur feu moyen, ajouter le sucre et laisser réduire le vin d'une bonne moitié afin d'obtenir une consistance un peu sirupeuse.

Pendant ce temps, éplucher et émincer finement l'oignon et les échalotes. Les cuire à feu doux dans le beurre pendant 15 minutes environ, jusqu'à ce qu'ils deviennent fondants. Ajouter les lardons et cuire environ 5 minutes. Égoutter dans une passoire et réserver.

Le montage des cocottes

Préchauffer le four à 180 °C (th. 6).

Répartir le mélange aux lardons dans les cocottes, verser la réduction de vin à mi-hauteur.

Préparer un bain-marie pouvant aller au four et y déposer les cocottes. Casser délicatement les œufs au centre de chaque cocotte.

Enfourner et cuire environ 7 à 8 minutes. Terminer par un tour de moulin et servir aussitôt, accompagné de mouillettes de pain de campagne.

ŒUFS POCHÉS EN COCOTTES AU BACON

POUR 6 À 8 COCOTTES
préparation : 25 minutes
cuisson : 20 minutes

12 à 16 œufs
6 à 8 tranches de bacon
ou de poitrine de porc fumée
1 l de crème liquide
2 c. à soupe de mascarpone
20 cl de vinaigre blanc
sel et poivre du moulin

La préparation des ingrédients

Sortir les œufs du réfrigérateur 30 minutes avant leur utilisation afin qu'ils soient à température ambiante.

Remplir d'eau une casserole à bords hauts et la mettre à chauffer avec le vinaigre jusqu'à frémissements.

Pendant ce temps, casser les œufs séparément dans des ramequins. Les faire glisser délicatement un à un dans l'eau frémissante, les laisser pocher 3 minutes puis les sortirs à l'aide d'une écumoire.
Les plonger dans un bain d'eau froide 1 à 2 minutes afin de stopper la cuisson.
Les égoutter et les disposer sur un papier absorbant.

Émincer la moitié du bacon.

Chauffer dans une casserole la crème, le mascarpone et le bacon émincé,
poivrer et laisser réduire à feu doux 8 minutes environ.

Le montage des cocottes

Préchauffer le four en position gril à 220 °C (th. 7-8).

Mettre 2 œufs dans chaque cocotte et napper de crème au bacon. Déposer dessus le bacon restant, enfourner et surveiller la cuisson (environ 4 à 5 minutes). Attention : les œufs sont déjà pochés et ne doivent plus cuire ! Seul le bacon doit légèrement griller.

Servir aussitôt les cocottes, avec des mouillettes de pain ou comme petit plat du plateau cocottes brunch en les accompagnant d'un petit pain en cocotte (recette p. 134) et d'un sabayon d'orange à la cannelle (recette p. 178).

LES ŒUFS, À DÉCLINER SELON SES ENVIES…

Selon l'humeur, le contenu du panier au retour du marché, ou les restes du dimanche soir, l'œuf cocotte se décline de mille façons !

Une seule recette pour improviser sur ce thème simplissime mais tellement gourmand : 2 œufs cassés dans de la crème et une garniture au choix, 10 minutes à four bien chaud… Si le blanc de l'œuf est juste cuit et le jaune encore coulant… Ils régaleront petits et grands !

Légères, très classiques ou plus raffinées en voici quelques unes de mes préférées :

TOMATES SÉCHÉES ET PISTOU :
Généralement servies comme antipasti, ou émincées dans une salade, quelques tomates séchées suffiront pour parfumer ces œufs cocottes. Il est donc difficile de ne pas penser au basilic qui, ajouté juste avant de servir, fera de ces œufs une recette très ensoleillée.

AU FOIE GRAS :
L'incoutournable délice des tables de fêtes fera de ces œufs un petit plat très chic et n'attendra plus noël pour nous régaler !

TROIS FROMAGES ET NOIX :
Tous les fromages ou presque feront l'affaire ! D'habitude recyclés dans une quiche ou une omelette ; dans une mini-cocotte ils entoureront les œufs d'une robe crémeuse.

ASPERGES VERTES ET COPPA :
Les vertus de l'asperge sont connues depuis l'Antiquité ; les Grecs avaient dédié l'asperge à la déesse de l'amour… Alors un peu d'audace ! Précuites, rehaussées de coppa finement tranchée, elles feront de ces œufs une entrée remarquée et raffinée.

AUX HERBES FRAÎCHES :
Une recette « plus légère » enfin presque ! Finement ciselées, ciboulette, persil, coriandre, estragon, menthe… parfumeront aisément toutes vos idées d'œufs cocottes.

JAMBON ET CHEDDAR :
Des œufs cocottes pour les plus petits, me direz-vous ? Oui, mais pas seulement ! Les œufs cocottes permettent facilement de composer des recettes express adaptées au goût de tous et d'accommoder les restes du frigo… À chacun sa recette !

POMMES GRENAILLES, PETITS OIGNONS ET AIL EN CHEMISE

POUR 6 À 8 COCOTTES
préparation : 35 minutes
cuisson : 45 minutes

700 g de pommes grenailles
1 botte d'oignons nouveaux
(avec leur tige)
1 tête d'ail
1 branche de romarin (facultatif)
2 cubes de bouillon de volaille
50 g de beurre
3 c. à soupe d'huile d'olive
sel de Guérande et poivre du moulin

La préparation des ingrédients

Bien laver les pommes grenailles puis les essuyer dans un torchon.

Détacher les gousses d'ail (sans les éplucher).

Couper les racines et les extrémités des oignons nouveaux, en gardant une petite partie des tiges vertes, les rincer sous l'eau puis les essuyer.

Faire fondre le beurre dans une sauteuse avec l'huile d'olive, ajouter les pommes de terre et les gousses d'ail. Assaisonner et faire revenir 10 minutes environ à feu moyen, en remuant bien, jusqu'à ce que les pommes grenailles soient légèrement dorées.

Pendant ce temps, porter à ébullition une casserole remplie à moitié d'eau salée puis plonger les oignons 3 à 4 minutes environ afin de les précuire. Les rafraîchir sous l'eau froide et les réserver sur un torchon ou un papier absorbant.

Le montage des cocottes

Préchauffer le four à 150 °C (th. 5).

Effeuiller le romarin sur les pommes grenailles puis les répartir dans les cocottes avec les gousses d'ail et les oignons.

Délayer les cubes de volaille avec 50 cl d'eau chaude puis verser un peu de bouillon dans chaque cocotte.

Enfourner et cuire pendant 20 minutes environ. Vérifier la cuisson des pommes grenailles avec la pointe d'un couteau.

Servir ces cocottes avec du sel de Guérande et du poivre du moulin, comme garniture d'un plat mijoté, d'une viande grillée ou comme petit plat du plateau campagnard, accompagnées d'une mini terrine d'agneau aux blettes et fromage de chèvre (recette p. 140).

COCOTTE DE LÉGUMES

POUR 6 À 8 COCOTTES
préparation : 40 minutes
cuisson : 40 minutes

200 g de carottes
150 g de racines de persil ou de panais
150 g de topinambours
5 fonds d'artichaut
125 g de pois gourmands
8 oignons frais avec leur tige
125 g de beurre demi-sel
2 cubes de bouillon de légumes
dans 50 cl d'eau environ
2 c. à soupe d'huile d'olive
4 échalotes
½ botte de persil plat
½ botte de coriandre fraîche
½ botte de basilic
sel et poivre

La préparation des ingrédients

Éplucher et laver les carottes, les racines et les topinambours puis les couper en gros morceaux.

Couper les fonds d'artichaut en quatre, éplucher puis équeuter les pois gourmands et les oignons frais.

Sortir le beurre du réfrigérateur pour qu'il ramollisse et préchauffer le four à 170 °C (th. 5-6).

Dans une casserole à fond épais, faire revenir légèrement tous les légumes
dans un peu d'huile d'olive pendant 2 à 3 minutes.

Le montage des cocottes

Répartir les légumes dans les petites cocottes, puis verser le bouillon de légumes, couvrir les cocottes
et laisser mijoter au four 30 minutes environ. Surveiller l'absorption du liquide et compléter si nécessaire.

Pendant ce temps, éplucher et ciseler finement les échalotes. Les mélanger dans un bol avec le beurre,
saler et poivrer. Réserver à température ambiante.

Laver, effeuiller puis ciseler les herbes fraîches.

Vérifier la cuisson des légumes avec la pointe d'un couteau.

Déposer 1 noix de beurre d'échalotes sur les légumes et parsemer d'herbes fraîches.

Servir aussitôt les cocottes, en garniture d'un de vos plats cuisinés ou comme petit plat du plateau cocottes
du dimanche soir, accompagnées d'un clafoutis de petits pois, jambon et Boursin (recette p. 142).

PETITE FONDUE DE FROMAGES AUX LÉGUMES

POUR 6 À 8 COCOTTES
préparation : 20 minutes
cuisson : 25 minutes

125 g de comté
125 g de gruyère
125 g de cheddar
1 kg environ de légumes crus ou cuits de votre choix
(carottes, radis, champignons, céleri branche…)
1 l de vin blanc
1 gousse d'ail
3 belles pincées de poivre

La préparation des ingrédients

Râper les fromages, ou les couper en petits cubes, et réserver au frais.

Éplucher, laver et tailler les légumes.

Mettre le vin blanc à chauffer sur feu moyen avec l'ail écrasé et le poivre. Laisser frémir et réduire le vin à peu près de moitié.

Le montage des cocottes

Préchauffer le four à 170 °C (th. 5-6).

Répartir le vin réduit et les fromages dans les cocottes. Couvrir et enfourner pour 10 à 12 minutes environ, jusqu'à ce que les fromages soient bien fondus.

Servir les cocottes bien chaudes, accompagnées de leur assortiment de légumes, de petites piques en bois ou de fourchettes à escargots.

LES LÉGUMES, À DÉCLINER SELON SES ENVIES...

Directement inspirées du tian provençal, ces quelques idées de légumes en cocottes seront à la fois des petits plats vite faits bien faits ou des garnitures gourmandes et originaux pour vos plats préférés...

Les saisons, les régions, les couleurs m'ont inspiré ces quelques recettes :

LA PROVENÇALE :

Aubergines, courgettes, tomates et mozzarella... toutes les saveurs de mon enfance dans une mini cocotte qui a le goût du Sud et peut-être même l'accent...

LA « VERY FRENCHY » :

Je ne me lasse pas des endives au jambon de ma maman. Ce plat n'a peut être plus aujourd'hui le succès qu'il mérite ou peut être a-t-il mal vieilli ? Un petit relooking en cocotte s'impose ! Je choisis des poireaux juste cuits à la place des endives, du jambon de Paris et quelques allumettes de gruyère pour gratiner le tout...

L'AUTOMNALE :

Cette mini-cocotte d'artichauts, châtaignes et pommes de terre accompagnera parfaitement un gibier ou un bon rôti. Pour l'hiver, le printemps et l'été… improvisez !

LA TRÈS TRÈS VERTE :

Il existe une incroyable variété de légumes verts. Pourtant, certains d'entre eux n'ont pas toujours, chez les petits comme chez les grands, un très franc succès. Blanchis, passés au beurre, on les enfourne accompagnés d'une touche de ricotta un petit quart d'heure et cette cocotte très très verte met tout le monde d'accord...

L'ITALIENNE :

Aubergines, copeaux de parmesan et pignons de pin grillés... joliment disposés dans une cocotte que l'on passe au four et qui, c'est sûr, se suffira à elle-même.

LA « BLEUE » :

Courgette et céleri finement tranchés, juste blanchis à l'eau bouillante, quelques tranches de roquefort ou autre fromage bleu, le tout intercalé successivement dans une cocotte… une quinzaine de minutes à four bien chaud… Le tour est joué !

COCOTTE « VOL-AU-VENT »

POUR 8 COCOTTES
préparation : 40 minutes
cuisson : 50 minutes
réfrigération : 40 minutes minimum

600 g de filets de poulet sans peau
300 g de champignons de Paris
8 disques de pâte feuilletée de 13 cm de diamètre
1 cube de bouillon de volaille
70 cl de crème fraîche liquide
30 g de beurre
3 c. à soupe d'huile
3 jaunes d'œufs
1 gousse d'ail
2 échalotes
5 cl de porto rouge
sel et poivre

La préparation des ingrédients

Détailler le poulet en cubes d'environ 10 g et réserver au réfrigérateur.

Nettoyer puis émincer les champignons grossièrement.

Éplucher puis ciseler finement les échalotes et l'ail dégermé.

Dissoudre le cube de bouillon dans 15 cl d'eau chaude.

Faire fondre le beurre dans un faitout, à feu moyen. Ajouter les champignons, les échalotes et l'ail, saler et poivrer puis faire revenir l'ensemble en mélangeant bien, pendant 5 minutes environ.

Verser le porto, laisser réduire 3 minutes puis ajouter le bouillon de volaille et enfin la crème fraîche. Laisser mijoter à feu moyen jusqu'à léger épaississement de la crème.

Le montage des cocottes

Chauffer l'huile dans une poêle puis saisir les dés de poulet sur toutes leurs faces.
Assaisonner puis répartir dans les cocottes.

Napper ensuite de crème aux champignons et laisser refroidir à température ambiante.

Pendant ce temps, à l'aide d'un pinceau, humidifier d'eau froide le pourtour des cercles de pâte feuilletée, sur environ 2 cm de large. Retourner les cercles sur les cocottes et presser les bords afin de bien faire adhérer la pâte. Mélanger les jaunes d'œufs avec quelques gouttes d'eau et une pointe de sel puis dorer délicatement la pâte feuilletée.

Mettre les cocottes au frais 20 minutes au moins.

Préchauffer le four à 200 °C (th. 6-7).

Cuire les cocottes 15 minutes environ et servir aussitôt.

Astuce

Vous pouvez réaliser les cocottes la veille et les réserver au réfrigérateur. Vous n'aurez plus qu'à les enfourner 20 minutes avant votre repas.

AILERONS DE POULET CARAMÉLISÉS, PURÉE AUX CHÂTAIGNES

POUR 8 COCOTTES
préparation : 35 minutes
cuisson : 50 minutes

16 ailerons de poulet
1 cube de bouillon de volaille
2 c. à soupe de miel
20 g de gingembre frais
1 orange
1 c. à soupe de sauce soja
600 g de pommes de terre
200 g de céleri-rave
300 g de châtaignes au naturel
40 g de beurre
10 cl de crème fraîche
sel et poivre

La préparation des ingrédients

Éplucher et laver les pommes de terre et le céleri.

Dans une casserole, les couvrir d'eau froide salée et cuire pendant 25 minutes environ.

Égoutter les pommes de terre et le céleri cuits dans une passoire. À l'aide d'un moulin à légumes, les réduire en purée avec les marrons puis incorporer le beurre en petits morceaux et la crème fraîche. Bien mélanger pour lisser la purée et rectifier l'assaisonnement si besoin.

Placer les ailerons dans une grande cocotte. Dissoudre le cube de bouillon dans 30 cl d'eau chaude puis verser le bouillon sur les ailerons. Laisser mijoter à couvert pendant 10 minutes environ.

Pendant ce temps, préparer la marinade. Hacher finement le gingembre. Mélanger avec le miel, le jus de l'orange et la sauce soja.

Verser la marinade sur les ailerons et laisser réduire jusqu'à complète évaporation du liquide (il doit rester un sirop juste épais qui enveloppe les ailerons).

Le montage des cocottes

Préchauffer le four à 170 °C (th. 5-6).
Répartir la purée aux marrons dans les cocottes puis déposer joliment 2 ailerons dans chacune d'elle.
Placer les cocottes dans un plat à rebords rempli à moitié d'eau et enfourner pour 10 minutes environ.

COQUELET EN COCOTTE AUX DEUX POMMES ET FRAMBOISES

POUR 6 À 8 COCOTTES
préparation : 40 minutes
cuisson : 55 minutes

3 coquelets d'environ 600 g
3 à 4 pommes (jonagold ou reinette)
200 g de vitelottes (pommes de terre bleues)
125 g de framboises
15 cl de vinaigre de framboise
50 g de beurre
5 cl d'huile de tournesol
50 cl de cidre
sel et poivre

La préparation des ingrédients

Découper à cru les coquelets en deux parties égales dans le sens de la longueur, puis séparer les cuisses des ailes.

Manchonner les blancs (retirer les ailerons) et les cuisses (dégager la chair du haut de l'os) pour une présentation plus jolie.

Mettre les vitelottes avec leur peau dans une casserole remplie d'eau froide. Saler généreusement (pour fixer la couleur), porter à ébullition et cuire pendant 15 minutes.

Pendant ce temps, laver, vider et couper les pommes en petits morceaux.

Chauffer, dans une poêle, l'huile et le beurre puis saisir les morceaux de coquelet et les morceaux de pommes pour les précuire et leur donner une jolie couleur dorée. Saler, poivrer et déglacer avec le vinaigre de framboise. Réserver hors du feu.

Égoutter, refroidir puis éplucher délicatement les vitelottes.

Le montage des cocottes

Préchauffer le four à 200 °C (th. 6-7).

Garnir les cocottes avec les coquelets, les morceaux de pommes, quelques vitelottes et les framboises puis arroser avec le cidre. Enfourner pour 30 minutes.

LE POULET, À DÉCLINER SELON SES ENVIES...

Que ce soit avec les restes de votre poulet rôti, des ailerons astucieusement mis de côté, des pilons ou même des filets, voici 6 idées pour réaliser des recettes express de volaille en mini cocottes.

Précuire la volaille si besoin, la mariner ou l'accommoder d'une sauce, de condiments, puis cuire en mini cocottes au four (th. 5-6) et ainsi répondre aux goûts de toute la famille !

1. POULET AU MIEL ET AUX ÉPICES
Précuire le poulet puis badigeonner ses morceaux de miel et d'un mélange d'épices de votre choix (cannelle, gingembre, cardamome, quatre-épices…). Saupoudrer d'amandes effilées ou d'autres fruits secs puis cuire en cocottes au four avec, si l'on aime, des légumes ou des quartiers de fruits.

2. POULET ANDALUZ
Un pot de sauce tomate et quelques poivrons coupés en lamelles, mijotés quelques minutes dans un bouillon de volaille. Napper généreusement de sauce le fond des cocottes puis disposer les morceaux de poulet précuits et 1 ou 2 tranches de chorizo. Cuire au four.

3. POULET SURPRISE
Cette fois-ci, c'est une jolie façon de créer encore plus de surprise avec ses mini cocottes. Toutes les recettes ou presque se prêteront à être habillées de pâte filo, feuilletée, kadaïf (épicerie grecques, turques ou orientales) ou de feuille de brick et ainsi à amuser vos invités.

4. POULETTE
Inspiré de l'« escalope à la crème », il suffit de précuire des champignons, de les lier généreusement de crème fraîche puis de cuire les morceaux de volaille dans leurs cocottes en les nappant de cette crème aux champignons.

5. POULET CHASSEUR
Des champignons, du lard fumé, des petits oignons et du vin blanc pour un style plus automnal. Ces cocottes mijotées avec quelques brindilles de thym et un petit jus de viande sauront joliment préserver tout le succès de ce grand classique.

6. CURRY DE POULET
Mélanger du yaourt avec un jus de citron et du curry en poudre ou en pâte. Mariner la volaille puis cuire en cocottes.
Et pour rester dans le style indien, accompagner cette recette d'un riz basmati.

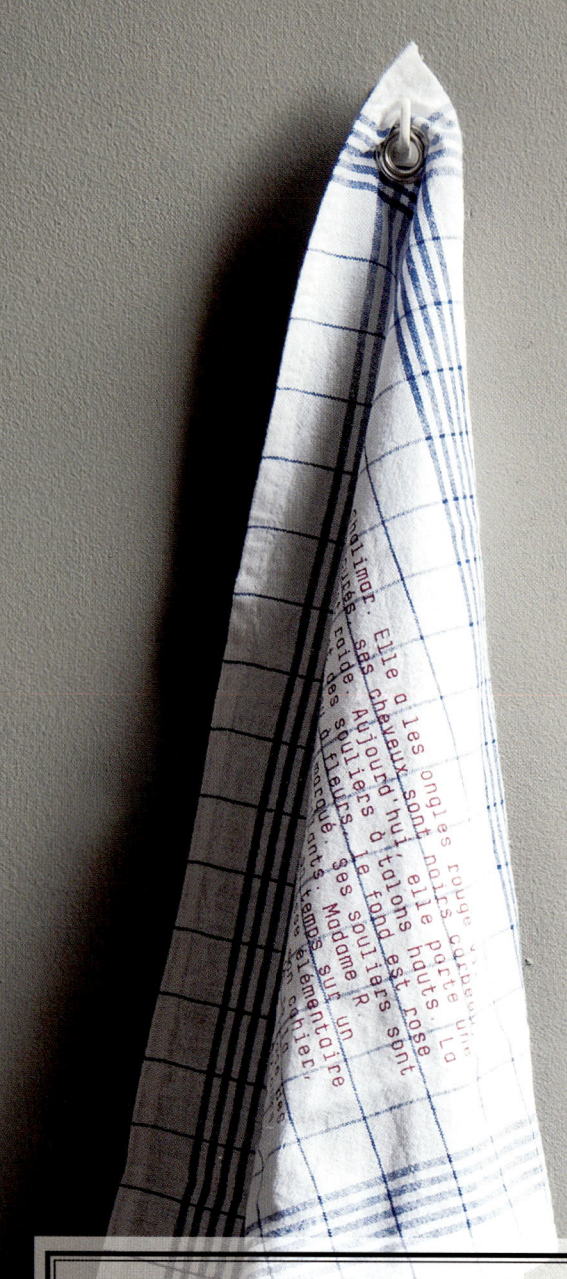

TENDANCE BISTROT

LES MARINADES DU BISTROT

Ce qui est bien avec les marinades, c'est que l'on peut tou imaginer pour réussir des recettes gourmandes en petites cocottes. En effet, viandes, volailles, poissons ou légumes pourront préalablement mariner dans de délicieux mélanges, pour une cuisson maîtrisée et des mets tendres et savoureux.

Dijonnaise
moutarde
+ crème
+ vin blanc
+ ail
+ échalote

Bourguignonne
vin rouge
+ lardons
+ champignons
+ petits oignons

Diable
vinaigre
+ échalote
+ tomates
+ cube bouillon
+ piment

Méditerranéenne

+ thym
+ romarin
+ laurier
+ ail
+ citron
+ Fromage blanc

Laissez imprégner les ingrédients, taillés en menus morceaux, dans votre marinade pendant au minimum 1 heure au réfrigérateur. Plus vous laissez de temps à votre marinade, plus elle parfume vos mets. Si vous désirez attendrir une viande, laissez-la mariner toute la nuit au réfrigérateur avant de la faire cuire. Pour gagner du temps mais aussi pour une cuisson plus douce en petites cocottes n'oubliez pas de blanchir, saisir ou précuire certains morceaux de viande ou légumes avant de les faire mariner.

TOURNEDOS DE LAPIN AUX NAVETS ET PRUNEAUX

POUR 6 COCOTTES
préparation : 40 minutes
cuisson : 40 minutes

2 râbles de lapin
400 g de navets
150 g de pruneaux
6 tranches de poitrine fumée
1 c. à soupe de fond de veau déshydraté
10 cl de vin blanc
1 échalote
½ botte de thym frais
3 c. à soupe d'huile d'olive
15 g de beurre
piques en bois

La préparation des ingrédients

Couper les râbles en tronçons réguliers afin d'obtenir les tournedos de lapin.

Les enrouler d'une tranche de lard et les maintenir avec une pique en bois. Réserver au réfrigérateur.

Éplucher et couper les navets en 2 ou 3 morceaux selon leur taille puis les précuire dans une eau bouillante salée, en vérifiant la cuisson avec la pointe d'un couteau (ils doivent rester fermes, la fin de cuisson se fera dans les cocottes). Égoutter et refroidir sous l'eau froide.

Délayer le fond de veau avec 25 cl d'eau chaude.

Éplucher et ciseler l'échalote.

Dans une sauteuse ou un faitout, chauffer l'huile d'olive et le beurre. Saisir les tournedos de lapin sur toutes leurs faces. Ajouter les échalotes et déglacer avec le vin blanc. Laisser mijoter à couvert et à feu moyen 8 minutes environ.

Mettre les tournedos de côté, verser le fond de veau dans le faitout, porter à ébullition puis ajouter les navets, les pruneaux et quelques branches de thym. Laisser mijoter 5 minutes environ puis réserver hors du feu.

Le montage des cocottes

Préchauffer le four à 170 °C (th. 5/6).

Répartir les navets et les pruneaux dans les cocottes.

Déposer dessus les tournedos, les arroser légèrement de jus au thym puis enfourner les cocottes pour 12 minutes environ.

À la sortie du four, décorer les cocottes avec quelques brindilles de thym frais et servir aussitôt avec le jus au thym restant.

RIS D'AGNEAU AUX PLEUROTES ET FÈVES

POUR 6 COCOTTES
préparation : 50 minutes + 20 minutes la veille
cuisson : 40 minutes

500 g de ris d'agneau
300 g de pleurotes
400 g de fèves pelées
1 c. à soupe de fond de veau déshydraté
200 g de chapelure
2 œufs
10 cl de vinaigre blanc
3 c. à soupe de vinaigre balsamique
15 cl d'huile de cuisson (tournesol ou pépin de raisin)
2 c. à soupe d'huile d'olive
60 g de beurre
½ botte de persil plat
2 gousses d'ail
sel et poivre du moulin

La préparation des ingrédients

Nettoyer les ris d'agneau (à réaliser la veille).

Faire dégorger les ris d'agneau dans un saladier d'eau froide. Laisser tremper pendant 3 heures en changeant l'eau toutes les heures. Les plonger 5 minutes dans une casserole d'eau bouillante salée et vinaigrée pour les blanchir. Égoutter et refroidir les ris sous l'eau fraîche. Retirer la fine membrane qui les enveloppe et les vaisseaux apparents.

Réserver les ris au réfrigérateur jusqu'au lendemain.

Éplucher et dégermer l'ail. Effeuiller le persil.

Hacher finement l'ensemble afin d'obtenir une persillade.

Cuire les fèves dans une eau bouillante salée 2 à 3 minutes à peine. Égoutter et rafraîchir sous l'eau froide.

Dans une poêle ou un wok, faire fondre le beurre. Y faire sauter les pleurotes avec la persillade, du sel et du poivre. Mettre de côté.

Battre les œufs entiers dans un petit saladier avec 2 c. à soupe d'eau froide et 2 d'huile d'olive. Saler et poivrer.

Passer les ris d'agneau d'abord dans ce mélange, puis aussitôt dans la chapelure pour les paner.

Délayer le fond de veau avec 30 cl d'eau chaude et porter à ébullition avec 3 c. à soupe de vinaigre balsamique. Laisser réduire pratiquement de moitié.

Le montage des cocottes

Tapisser le fond des cocottes avec les fèves et les pleurotes puis arroser de jus de veau au balsamique.

Chauffer dans une poêle l'huile de cuisson et faire dorer les ris d'agneau 1 minute de chaque côté. Éponger sur un papier absorbant.

Les déposer sur les fèves et pleurotes et enfourner les cocottes à four moyen pour 15 minutes environ avant de passer à table.

FLAN DE BROCOLIS ET CHEDDAR

POUR 6 À 8 COCOTTES
préparation : 25 minutes
cuisson : 45 minutes

30 cl de crème liquide
15 cl de lait
6 œufs
3 pincées de sel
3 pincées de poivre
2 brocolis
200 g de cheddar
1 c. à soupe de gros sel

La préparation des ingrédients

Faire chauffer une casserole d'eau avec le gros sel jusqu'à ébullition.

Couper soigneusement les têtes des brocolis et les précuire dans l'eau bouillante salée pendant 7 minutes environ (ils doivent rester fermes et bien verts).

À l'aide d'une écumoire, les refroidir dans un bain d'eau glacée puis les réserver sur un papier absorbant.

Dans un saladier, casser les œufs entiers et bien mélanger avec la crème, le lait, le sel et le poivre.

Le montage des cocottes

Couper quelques morceaux de brocolis (garder les plus beaux) et les répartir dans le fond des cocottes.

Recouvrir d'un peu de cheddar.

Disposer enfin soigneusement les brocolis restants, verser le mélange crémeux et terminer par une tranche de cheddar.

Cuire au four à 180 °C (th. 6) pendant 30 minutes environ.

MATELOTE DE COQUILLAGES ET CRUSTACÉS

POUR 6 COCOTTES
préparation : 35 minutes
cuisson : 25 minutes

500 g de moules
200 g de coques
6 langoustines
2 fines tranches de poitrine fumée
½ botte de persil plat
1 branche de thym
3 échalotes
30 cl de vin rouge
15 cl de crème fraîche liquide
poivre du moulin

La préparation des ingrédients

Faire tremper les coques dans de l'eau froide pendant 1 heure au moins, puis bien les rincer et les égoutter.

Nettoyer les moules.

Éplucher et ciseler finement les échalotes.

Laver et effeuiller le persil.

Tailler les tranches de lard en fin lardons.

Dans un faitout ou une grande cocotte, faire revenir légèrement le lard et les échalotes,
verser le vin rouge, ajouter le thym, du poivre du moulin, les coquillages et au-dessus les langoustines,
puis couvrir et porter à ébullition sur feu vif.

Le montage des cocottes

Une fois ouverts, bien mélanger les coquillages puis les répartir équitablement dans les cocottes,
en terminant joliment avec une langoustine.

Dans le faitout, ajouter la crème fraîche au vin et réduire à feu moyen quelques minutes.

Juste avant de servir, napper les coquillages et les langoustines de cette crème chaude
puis enfourner les cocottes pour quelques minutes dans un four juste préchauffé.

À la sortie du four, parsemer de persil frais légèrement ciselé.

COCOTTE DE COQUILLAGES AU CIDRE

POUR 6 À 8 COCOTTES
préparation : 20 minutes
cuisson : 15 minutes

400 g de moules
200 g de coques
200 g de palourdes
75 cl de cidre
3 à 4 échalotes
½ botte de cerfeuil ou de persil
12 mini carottes (facultatif)
1 petit pot de crème fraîche (facultatif)
poivre du moulin

La préparation des ingrédients

Gratter les moules et laver tous les coquillages dans plusieurs eaux. Égoutter et réserver.

Chauffer le cidre, dans un faitout, sur feu vif et laisser bouillir 2 minutes.

Éplucher et ciseler finement les échalotes.

Ajouter les coquillages au cidre chaud, poivrer et mélanger avec une écumoire jusqu'à ce qu'ils s'ouvrent légèrement.

Le montage des cocottes

Préchauffer le four à 170 °C (th. 5-6).

Répartir les échalotes et les coquillages précuits dans les cocottes. Filtrer le cidre à travers un tamis très fin ou une mousseline pour éliminer le sable, puis le verser sur les coquillages.

Recouvrir légèrement les cocottes d'aluminium et enfourner pour 6 minutes environ.

Parsemer de persil ou de cerfeuil, d'une petite cuillerée de crème ou de jeunes carottes cuites si vous le souhaitez, et servir aussitôt.

Astuce

Vous pouvez ajouter la crème avant d'enfourner vos cocottes pour qu'elle fonde et se lie au cidre ou la servir à part.

CUBES DE JAMBON RÔTI À L'ANANAS ET CHOU ROUGE

POUR 6 À 8 COCOTTES
préparation : 35 minutes
cuisson : 1 heure 15

350 g de jambon blanc non tranché
½ ananas
1 chou rouge
3 échalotes
30 cl de cidre
1 c. à soupe de sucre cassonade
3 c. à soupe de miel
10 cl de vinaigre blanc
50 g de beurre
8 piques en bois (type cure-dent) ou mini brochettes
sel et poivre du moulin

La préparation des ingrédients

Éplucher et émincer les échalotes.

Dans un faitout ou une cocotte en fonte, faire fondre 30 g beurre puis faire revenir, à feu doux, les échalotes.

Couper le chou en fines lamelles après en avoir retiré le cœur, puis le faire tremper dans de l'eau vinaigrée pendant quelques minutes.

Verser 20 cl de cidre sur les échalotes, porter à ébullition puis ajouter le chou égoutté et la cassonade. Saler et poivrer.

Cuire à couvert et à feu moyen pendant 45 minutes environ, en remuant de temps en temps.
Ajouter un peu d'eau ou de cidre en cours de cuisson si nécessaire.

Pendant ce temps, tailler en gros cubes le jambon et l'ananas pelé à vif. Compter 2 cubes de chaque par cocotte.

À l'aide des piques en bois, réaliser des mini brochettes en alternant les cubes de jambon et d'ananas.

Dans une poêle antiadhésive, faire caraméliser légèrement le miel, ajouter 20 g de beurre en petits morceaux puis y faire dorer les mini brochettes 30 secondes sur chaque face.

Réserver hors du feu, en stoppant la cuisson avec un léger filet d'eau.

Le montage des cocottes

Répartir le chou rouge braisé à mi-hauteur des cocottes puis déposer une mini brochette sur chacune d'elles.

À l'aide d'un pinceau, badigeonner chaque brochette avec le caramel de miel.

Préchauffer le four à 180 °C (th. 6).

Verser dans chaque cocotte un peu de cidre, puis les enfourner pour 12 minutes environ avant de les servir.

JOUES DE COCHON AUX COCOS BLANCS

POUR 8 COCOTTES
préparation : 35 minutes
cuisson : 1 heure 55

8 joues de cochon
800 g de cocos blancs frais (ou 250 g environ de cocos blancs secs,
à faire tremper la veille dans un grand bain d'eau froide)
2 carottes
2 oignons
2 gousses d'ail
1 cube de bouillon de volaille
1 bouquet garni
15 cl de vin blanc
2 c. à soupe d'huile de cuisson
25 g de beurre
100 g de moutarde en grains
sel et poivre du moulin

La préparation des ingrédients

Écosser et laver les cocos. Éplucher les carottes, les oignons et l'ail.

Ciseler les oignons et tailler les carottes en petits dés.

Réunir le tout dans une casserole, couvrir d'eau froide, ajouter le bouquet garni et le cube de bouillon, saler et poivrer légèrement.

Porter à ébullition et cuire à petits frémissements pendant 45 minutes environ.

Pendant ce temps, nettoyer et précuire les joues de cochons.

À l'aide d'un petit couteau, retirer les nerfs et le gras.

Dans un faitout ou une cocotte, chauffer l'huile et le beurre, y saisir les joues sur toutes les faces et, une fois bien dorées, déglacer avec le vin blanc.

Saler, poivrer et laisser mijoter à couvert et à feu doux pendant 40 minutes environ.

Le montage des cocottes

Répartir les cocos avec un fond de bouillon dans les cocottes.

Préchauffer le four à 180 °C (th. 6).

Ajouter une petite cuillerée de moutarde au centre de chaque cocotte, puis y déposer les joues.
Couvrir les cocottes et enfourner pendant 20 minutes environ.

COCOTTE SAVOYARDE

POUR 4 À 6 COCOTTES
préparation : 30 minutes
cuisson : 40 minutes

1 kg de pommes de terre
1 reblochon
100 g de lardons
1 gousse d'ail
1 oignon
20 cl de crème fraîche liquide
20 cl de vin blanc
2 pincées de noix de muscade
sel et poivre

La préparation des ingrédients

Éplucher puis ciseler finement l'oignon.

Verser le vin dans une casserole, ajouter l'oignon et chauffer à feu moyen 3 à 4 minutes, puis ajouter la crème et laisser réduire encore 2 à 3 minutes. Réserver hors du feu.

Préchauffer le four à 180 °C (th. 6).

Pendant ce temps, éplucher et laver les pommes de terre. Couper le fromage en fines tranches et les pommes de terre en fines rondelles.

Le montage des cocottes

Frotter le fond des cocottes avec la gousse d'ail épluchée.

Disposer une rosace de pommes de terre dans le fond des cocottes, saupoudrer de sel (avec parcimonie car la recette est déjà salée naturellement), de poivre, d'un peu de noix de muscade, puis ajouter du reblochon, quelques lardons et ainsi de suite jusqu'aux deux tiers de la hauteur des cocottes. Terminer par une tranche de reblochon et arroser avec la crème au vin blanc. Enfourner les cocottes pour 30 minutes et à mi-cuisson, suivant la coloration, couvrir pour ne pas dessécher les gratins.

TRAVERS DE PORC ET POMMES GRENAILLES CARAMÉLISÉES

POUR 6 À 8 COCOTTES
préparation : 35 minutes
cuisson : 1 heure

800 g à 1 kg de travers de porc frais
400 g de pommes grenailles
2 oignons
10 cl de vin blanc
40 cl de sauce hoisin (asiatique) ou de marinade (voir recette du poulet et crevettes à la thaïe, p. 88)
20 g de sucre en poudre
2 c. à soupe d'huile de tournesol
40 g de beurre
sel et poivre

La préparation des ingrédients

Couper le travers de porc en petits morceaux, en prenant soin de garder au mieux 2 os par pièce ; nettoyer à l'aide d'un petit couteau les os (façon carré de porc) pour une présentation plus jolie (ou demander à votre boucher).

Mettre les morceaux de travers dans une casserole remplie d'eau froide, saler et porter à ébullition. Précuire à feu moyen pendant 20 minutes.

Pendant ce temps, éplucher les pommes grenailles et les oignons. Laver les pommes grenailles et ciseler les oignons.

Dans une poêle à bords hauts, chauffer l'huile, le beurre et le sucre. Faire caraméliser légèrement à feu vif les pommes et les oignons puis ajouter le vin blanc, saler, poivrer et laisser cuire à feu plus doux jusqu'à évaporation du liquide.

Préchauffer le four à 180 °C (th. 6).

Le montage des cocottes

Égoutter et rincer les morceaux de travers.

Les badigeonner, à l'aide d'un pinceau, avec la sauce hoisin ou la marinade puis les répartir dans les cocottes ainsi que les pommes aux oignons.

Verser 2 c. à soupe d'eau dans chaque cocotte et enfourner pour 30 minutes environ.

SAVEURS DU MONDE

LES MARINADES EXOTIQUES

Ces 4 bases de marinades qui évoquent le soleil s'adaptent à une multitude d'ingrédients et de recettes et vous embarquent pour un tour du monde gourmand en petites cocottes.

la marinade thaï
Pour la volaille, les poissons, les viandes blanches et rouges et les légumes.

ketchup
+ miel
+ gingembre
+ ail
+ sauce soja
+ fond de viande
+ sésame

la marinade tahitienne
Pour les poissons et la volaille.

lait de coco
+ jus et zestes de citron vert
+ sel et poivre

la marinade aigre-douce
Pour la volaille et les viandes blanches.

miel
+ jus d'orange
+ vinaigre blanc
+ échalotes ciselées
+ sauce soja

la marinade indienne
Pour la volaille et les viandes blanches.

yaourt
+ épices tandoori

Laissez imprégner les ingrédients, taillés en menus morceaux, dans votre marinade pendant au minimum 1 heure au réfrigérateur. Plus vous laissez de temps à votre marinade, plus elle parfume vos mets.

Si vous désirez attendrir une viande, laissez-la mariner toute la nuit au réfrigérateur avant de la faire cuire.

Pour gagner du temps mais aussi pour une cuisson plus douce en petites cocottes, n'oubliez pas de blanchir, saisir ou précuire certains morceaux de viande ou légumes avant de les faire mariner.

COCOTTE DE CAROTTES AU CURRY ET PAIN D'ÉPICES

POUR 6 À 8 COCOTTES
préparation : 25 minutes
cuisson : 40-45 minutes

800 g de carottes
12 à 16 tranches de pain d'épices
25 cl de lait
25 cl de crème liquide
4 jaunes d'œufs
1 petite c. à café de curry
sel et poivre

La préparation des ingrédients

Éplucher et laver les carottes. À l'aide d'une râpe ou d'une mandoline, les couper en rondelles très fines. Les plonger dans de l'eau bouillante salée 1 à 2 minutes afin de les attendrir, puis les refroidir à l'eau fraîche.

Mélanger, dans un saladier, les jaunes d'œufs, le lait, la crème et le curry. Saler et poivrer.

Détailler et arrondir les tranches de pain d'épices afin qu'elles épousent bien les parois des cocottes.

Le montage des cocottes

Préchauffer le four à 170 °C (th. 5-6).

Préparer un bain-marie pouvant aller au four et y placer les cocottes.

Déposer un rond de pain d'épices au fond des cocottes, recouvrir de rondelles de carottes en pressant bien, napper du mélange crémeux puis tapisser à nouveau de pain d'épices.

Terminer avec le reste de crème et enfourner le bain-marie pour 35 à 40 minutes.

Ces cocottes peuvent se déguster aussi bien chaudes que froides.

COCOTTE DE PORC AU CARAMEL

POUR 6 À 8 COCOTTES
préparation : 30 minutes
marinade : 30 minutes au moins
cuisson : 30 minutes

1,2 kg de filet mignon de porc (ou d'échine)
200 g de sucre semoule
5 c. à soupe d'huile
2 oignons
100 g de gingembre frais
8 à 10 cl de sauce soja (foncée aux champignons = moins salée)
50 g de graines de sésame

La préparation des ingrédients

Couper le filet mignon ou l'échine en petits cubes d'environ 1,5 cm de côté.

Chauffer un peu d'huile à feu vif, dans une poêle ou un wok, puis saisir tous les morceaux de viande 1 à 2 minutes. Les réserver hors du feu.

Dans une casserole, chauffer le sucre et un peu d'eau sur feu moyen jusqu'à l'obtention d'un caramel.

Pendant ce temps, éplucher et hacher les oignons et le gingembre au mixeur.

Lorsque le caramel est brun, le retirer du feu puis lui ajouter délicatement la sauce soja et la purée oignon-gingembre. Bien mélanger à l'aide d'une spatule en bois et remettre sur feu doux pour dissoudre l'ensemble, pendant 2 minutes environ.

Verser la sauce au caramel sur les morceaux de viande et bien mélanger. Réserver au réfrigérateur et laisser mariner 30 minutes au moins.

Le montage des cocottes

Préchauffer le four à 180 °C (th. 6).

Répartir la viande marinée dans les cocottes, ajouter un peu d'eau pour une meilleure cuisson puis enfourner pour 20 à 25 minutes environ.

À la sortie du four, parsemer les cocottes de graines de sésame et servir aussitôt.

COCOTTE DE POULET ET CREVETTES À LA THAÏE

POUR 6 À 8 COCOTTES
préparation : 20 minutes la veille + 10 minutes
marinade : 1 nuit
cuisson : 40 minutes

6 à 8 pilons de poulet
12 à 16 grosses crevettes
80 g de ketchup
40 g de gingembre frais
3 gousses d'ail
1 c. à soupe de miel
20 cl de fond de veau déshydraté ou bouillon de bœuf en cube
5 cl de sauce soja (Kikkoman)
½ botte de coriandre fraîche
80 g de sésame
12 à 16 jeunes épis de maïs en boîte ou surgelés (facultatif)

La préparation des ingrédients

La veille, éplucher et hacher finement l'ail et le gingembre. Mélanger, dans un saladier, le ketchup, le miel, la sauce soja, le fond de veau, l'ail et le gingembre.

Décortiquer chaque crevette en gardant la dernière bague de la queue. Mélanger les pilons de poulet et les crevettes avec la marinade et réserver au réfrigérateur jusqu'au lendemain.

Le montage des cocottes

Préchauffer le four à 170 °C (th. 5-6).

Garnir chaque cocotte avec 1 pilon de poulet, 2 crevettes et 2 jeunes épis de maïs.

Délayer le reste de marinade avec un peu d'eau et verser sur les cocottes, saupoudrer de sésame et enfourner pour 25 à 30 minutes.

Servir les cocottes sans attendre, en ajoutant quelques feuilles de coriandre fraîche.

BOULETTES DE BŒUF AUX HERBES ET CHILI, HARICOTS ROUGES

Une version détournée en cocottes du célèbre « chili con carne »

POUR 6 À 8 COCOTTES
préparation : 50 minutes
cuisson : 45 minutes

600 g de viande hachée de bœuf
500 g de haricots rouges cuits (en boîte)
1 œuf
300 g de tomates pelées
1 oignon
1 poivron rouge
½ botte de coriandre
½ botte de persil plat
2 gousses d'ail
1 c. à café de concentré de tomate
1 c. à café de sucre en poudre
1 c. à café de chili en poudre
3 pincées de cumin en poudre
10 cl d'huile d'olive
200 g de chapelure
sel et poivre du moulin

La préparation des ingrédients

Éplucher l'oignon et l'ail.

Émincer l'oignon et le poivron puis hacher finement l'ail après en avoir retiré le germe.

Faire revenir l'ensemble à feu moyen dans un faitout, avec 2 c. à soupe d'huile d'olive pendant quelques minutes, puis ajouter le concentré de tomate et le sucre.

Ajouter enfin les tomates pelées, saler et poivrer puis laisser mijoter à feu moyen 35 minutes environ.

Égoutter et rincer les haricots rouges puis les incorporer à la sauce tomate-poivron. Réserver et laisser refroidir.

Laver, effeuiller puis ciseler la coriandre et le persil.

Réunir dans un saladier la viande hachée, 3 c. à soupe d'huile d'olive, le cumin, le chili, les herbes ciselées, l'œuf, du sel et du poivre et bien malaxer l'ensemble.

Façonner un peu de farce dans vos mains afin d'obtenir des boulettes de la taille d'un abricot.

Rouler les boulettes dans la chapelure, en insistant légèrement pour bien les imprégner.

Le montage des cocottes

Préchauffer le four à 210 °C (th. 7).

Garnir les cocottes à mi-hauteur de haricots en sauce, puis y déposer les boulettes.

Enfourner et cuire pour 8 minutes environ.

CRUMBLE DE BOUDIN NOIR, POIRES ET GINGEMBRE

POUR 6 À 8 COCOTTES
préparation : 25 minutes
cuisson : 30 minutes

600 g de boudin noir
4 poires
50 g de gingembre frais
2 c. à soupe de miel
20 g de beurre

Pour le crumble
250 g de farine
125 g de beurre
50 g de sucre cassonade
2 jaunes d'œufs
2 pincées de sel

La préparation des ingrédients

Du bout des doigts, mélanger le beurre mou, la farine, la cassonade, les jaunes d'œufs et le sel. Sabler la pâte sans la pétrir et réserver au réfrigérateur.

Retirer la peau des boudins et émietter la chair.

Éplucher les poires, les épépiner et les couper en petits dés.

Éplucher puis hacher finement le gingembre.

Faire fondre, dans une poêle ou un wok, le miel et le beurre puis y faire revenir le gingembre haché pendant 2 minutes environ. Ajouter les dés de poire et cuire à feu moyen quelques minutes de plus.

Hors du feu, incorporer la chair de boudin et bien mélanger.

Le montage des cocottes

Préchauffer le four à 180 °C (th. 6).

Répartir la chair de boudin aux poires dans les cocottes, à mi-hauteur, puis émietter le crumble dessus. Enfourner et cuire 20 minutes environ.

FILET DE SOLE ET ÉPINARDS, MERINGUE AUX AMANDES

POUR 6 À 8 COCOTTES
préparation : 30 minutes
cuisson : 35 minutes

18 à 24 petits filets de sole (3 par cocotte)
1 kg d'épinards en branches surgelés
1 petit flacon de sauce pimentée (chili ou asiatique)
4 blancs d'œufs
50 g de sucre en poudre
120 g d'amandes effilées
sel et poivre

La préparation des ingrédients

Faire décongeler les épinards, la veille, dans une passoire.

Bien presser les épinards afin de retirer toute l'eau et réaliser des petites boules (autant que les filets de sole).

Mettre les filets de sole bien à plat sur le plan de travail, saler, poivrer et verser un trait de sauce pimentée sur toute leur longueur. Disposer les boules d'épinard à l'extrémité des filets, puis les enrouler sur eux-mêmes.

Préchauffer le four à 150 °C (th. 5).

Monter les blancs d'œufs en neige puis incorporer le sucre et fouetter de nouveau énergiquement pour obtenir une belle meringue.

Le montage des cocottes

Répartir les filets de sole dans les cocottes, saler, poivrer et rajouter un peu de sauce pimentée entre chacun d'eux. À l'aide d'une spatule, recouvrir les cocottes de meringue et parsemer d'amandes effilées.

Enfourner pour 25 minutes.

Servir aussitôt comme petit plat ou, si vous le souhaitez, à la place des crevettes et asperges au parmesan dans le plateau cocottes terre et mer (voir p. 132).

Astuce

Réaliser les cocottes la veille et les conserver au réfrigérateur, recouvertes d'un film alimentaire. Il n'y aura plus qu'à préparer la meringue et cuire les cocottes au dernier moment.

MINI-BOUILLABAISSE

POUR 6 À 8 COCOTTES
préparation : 35 minutes
cuisson : 50 minutes

6 à 8 filets de rouget
6 à 8 langoustines
300 g de moules
300 g de filets de rascasse, congre ou saint-pierre
1 l de soupe de poisson
5 cl de pastis
400 g de pommes de terre
2 g de safran

La préparation des ingrédients

Éplucher, laver puis couper les pommes de terre en rondelles épaisses. Les mettre dans une casserole remplie d'eau froide salée, ajouter la moitié du safran et le pastis, porter à ébullition et cuire pendant 8 minutes : elles doivent rester fermes.

Pendant ce temps, nettoyer les moules, décortiquer les langoustines en prenant soin de garder la tête et la queue, puis détailler les filets de poissons en petits morceaux.

Le montage des cocottes

Préchauffer le four à 170 °C (th. 5-6).

Retirer délicatement les pommes de terre de l'eau, à l'aide d'une écumoire. Mélanger le reste du safran et la soupe de poisson à l'eau de cuisson, puis chauffer jusqu'aux premiers frémissements. Répartir dans les cocottes. Disposer d'abord 1 ou 2 rondelles de pomme de terre dans le fond des cocottes puis les langoustines et enfin les filets de poissons et les moules. Terminer avec le reste de pommes de terre.

Enfourner les cocottes et les cuire pendant 25 minutes environ.

Astuce

La bouillabaisse se sert traditionnellement en 2 services, la soupe pour commencer, avec des croûtons et de la rouille, puis les poissons entiers et les pommes de terre. Cette mini bouillabaisse peut donc s'accompagner de quelques croûtons nappés de rouille en guise de mouillettes.

GNOCCHIS AUX OLIVES ET À LA CRÈME DE PARMESAN

POUR 6 À 8 COCOTTES
préparation : 20 minutes
cuisson : 25 minutes

350 g de gnocchis de pomme de terre frais
25 cl de crème liquide
125 g de parmesan râpé
60 g d'olives noires dénoyautées
60 g d'olives vertes dénoyautées
5 cl d'huile d'olive
sel et poivre du moulin

La préparation des ingrédients

Blanchir les gnocchis dans une eau bouillante salée pendant 3 minutes.

Égoutter et brasser les gnocchis avec l'huile d'olive. Réserver au chaud.

Chauffer la crème liquide dans une casserole à feu doux, poivrer.

Dès les premiers frémissements, ajouter le parmesan sans cesser de remuer jusqu'à léger épaississement.

Hors du feu, ajouter les olives (en garder quelques-unes pour la présentation) puis enfin les gnocchis. Bien mélanger à la crème de parmesan.

Le montage des cocottes

Préchauffer le four à 210 °C (th. 7).

Répartir les gnocchis dans les cocottes et enfourner pour 12 minutes environ.

OIGNONS ROUGES FARCIS À L'AGNEAU, FETA ET PIGNONS

POUR 8 COCOTTES
préparation : 45 minutes
cuisson : 35 minutes

8 oignons rouges
300 g de viande d'agneau dégraissée
80 g de pignons de pin
10 cl d'huile d'olive
120 g de feta
1 c. à café d'origan
3 pincées de cumin en poudre
sel et poivre du moulin

La préparation des ingrédients

Éplucher les oignons en prenant soin de les garder entiers.

Les précuire dans une casserole d'eau bouillante salée pendant 5 minutes environ.

Égoutter et rafraîchir sous l'eau froide.

À l'aide d'un petit couteau, découper un chapeau aux oignons. Les évider en creusant à la cuillère et en ne laissant que 2 couches de chair. Réserver les oignons au frais.

Couper la viande d'agneau en gros cubes et la feta en petits dés.

Hacher la viande à l'aide d'un hachoir manuel ou électrique (ou demander à votre boucher), assaisonner et bien mélanger avec 3 c. à soupe d'huile d'olive, les pignons, l'origan et le cumin. Incorporer plus délicatement la feta en petits dés (en garder 8 pour la finition).

Le montage des cocottes

Préchauffer le four à 180 °C (th. 6).

Garnir généreusement les coques d'oignon avec la farce.

Disposer les oignons farcis dans les cocottes, ajouter 1 dé de feta sur chacun d'eux et arroser d'un filet d'huile d'olive.

Enfourner, baisser la température à 160 °C (th. 5-6) et cuire pendant 25 minutes environ.

AIGUILLETTES DE CANARD AU SATÉ

POUR 8 COCOTTES
préparation : 20 minutes
marinade : 1 heure au moins
cuisson : 10 minutes

16 aiguillettes de canard
100 g de saté (épiceries asiatiques)
1 citron vert
8 cœurs de palmier
10 cl d'huile d'olive
1 botte de ciboulette
sel et poivre du moulin
16 piques en bois

La préparation des ingrédients

Saupoudrer et bien imprégner les aiguillettes de 80 g de saté.

Les disposer bien à plat dans un récipient, saler, poivrer et arroser d'huile d'olive et du jus du citron vert. Laisser mariner les aiguillettes 1 heure au moins au réfrigérateur.

Couper les cœurs de palmier en 2 dans le sens de la largeur afin d'obtenir des petits tronçons réguliers de la taille des aiguillettes. Ciseler finement la ciboulette. Réserver au réfrigérateur.

Le montage des cocottes

Préchauffer le four à 180 °C (th. 6).

Enrouler les aiguillettes sur les cœurs de palmier. Les maintenir avec une pique en bois.

Disposer 2 aiguillettes par cocotte, les arroser d'un peu de marinade puis enfourner pour 8 minutes environ (selon la cuisson désirée).

Juste avant de servir, saupoudrer les cocottes avec le reste de saté et la ciboulette ciselée.

GRATINÉES ou SOUFFLÉES

AUBERGINES GRATINÉES *ALLA PARMIGIANA*

POUR 6 À 8 COCOTTES
préparation : 1 heure 15
cuisson : 2 heures

3 belles aubergines
200 g de parmesan râpé
150 g de mozzarella
150 g de chapelure
huile d'olive
sel et poivre du moulin

Pour la sauce tomate au basilic
800 g de tomates pelées
2 oignons
4 gousses d'ail
½ botte de basilic
1 c. à soupe de concentré de tomate
15 g de sucre en poudre
5 cl d'huile d'olive
sel et poivre du moulin

La sauce tomate au basilic

Éplucher et émincer les oignons. Éplucher l'ail, ôter le germe et hacher finement. Faire revenir l'ensemble dans un faitout, à feu moyen avec l'huile d'olive, quelques minutes puis ajouter le concentré de tomate, le sucre et enfin les tomates pelées. Saler et poivrer puis laisser mijoter 1 heure à feu moyen.
Une fois la sauce tomate cuite, incorporer le basilic ciselé.

Les aubergines

Couper les aubergines en rondelles de 5 mm d'épaisseur, les disposer bien à plat sur une plaque recouverte de papier absorbant, les saler afin de les faire dégorger quelques minutes.

Faire chauffer, dans une sauteuse et à feu moyen, un fond d'huile d'olive. Faire frire les rondelles d'aubergines sur chaque face 2 à 3 minutes pour qu'elles soient bien dorées, en rajoutant un peu d'huile d'olive à chaque tournée. Éponger les aubergines sur du papier absorbant et les poivrer légèrement.

Le montage des cocottes

Couper la mozzarella en fines tranches (1 par cocotte). Préchauffer le four à 160 °C (th. 5-6).

Disposer 1 ou 2 rondelles d'aubergine frites dans le fond des cocottes, les saupoudrer de parmesan et de chapelure puis napper de sauce tomate. Répéter cette étape jusqu'en haut des cocottes, en ajoutant une tranche de mozzarella au milieu. Terminer par une couche de parmesan râpé.

Cuire les cocottes au four pendant 40 minutes environ.

Servir aussitôt avec une viande ou du poissons ou comme petit plat du plateau cocottes dînette chic, en les accompagnant de petites ravioles de Royan (recette p. 146).

COCOTTE AU PAIN PERDU, CAMEMBERT ET GROSEILLES

pour 6 à 8 cocottes
préparation : 15 minutes
cuisson : 15 minutes

18 à 20 tranches de pain brioché
2 camemberts
50 cl de crème liquide
poivre du moulin
1 pot de gelée de groseille

La préparation des ingrédients

Détailler et arrondir les tranches de pain brioché afin qu'elles épousent les parois des cocottes.

Couper les camemberts en fines tranches.

Le montage des cocottes

Préchauffer le four à 200 °C (th. 6-7).

Déposer un rond brioché dans le fond des cocottes puis une tranche de camembert, un peu de poivre, et ainsi de suite jusqu'à mi-hauteur. Bien presser et terminer par 1 ou 2 tranches de camembert. Napper de crème liquide et enfourner pour 15 minutes environ.

Servir les cocottes bien chaudes, accompagnées de gelée de groseille, d'une salade verte ou comme je vous le propose dans le plateau cocottes fromages et fruits avec un tian de figues et chèvre frais au romarin (recette p. 136).

GRATIN DE BLETTES AUX PIGNONS

POUR 6 COCOTTES
préparation : 30 minutes
cuisson : 40 minutes

1 belle botte de blettes
30 g de farine
30 g de beurre
60 cl de lait
75 g de parmesan ou de gruyère râpé
2 pincées de muscade
50 g de pignons de pin
sel et poivre du moulin

La préparation des ingrédients

Nettoyer les blettes et conserver les feuilles. Couper les cardes (tiges) en petits dés.

Dans une casserole d'eau bouillante salée, blanchir les feuilles 1 minute puis les rafraîchir sous l'eau froide. Cuire les cardes de la même façon pendant 4 minutes environ, jusqu'à ce qu'elles soient bien tendres.

Égoutter séparément et bien presser les feuilles pour en retirer l'eau.

Réaliser une béchamel un peu liquide : dans une casserole, faire fondre le beurre puis verser la farine en pluie et bien mélanger à l'aide d'une spatule en bois, sur feu doux, pendant 2 minutes environ.

Chauffer le lait puis le verser petit à petit sur le roux blanc sans cesser de remuer, saler et poivrer et cuire doucement 2 à 3 minutes. Ajouter la muscade et le fromage râpé à la béchamel. Réserver au chaud.

Le montage des cocottes

Préchauffer le four à 180 °C (th. 6).

Hacher grossièrement les feuilles.

Mélanger les cardes et les feuilles à la béchamel puis répartir soigneusement dans les cocottes.

Parsemer de pignons puis enfourner pour 20 minutes environ afin de bien faire dorer les gratins.

TIAN DE SARDINES ET PIQUILLOS

POUR 6 À 8 COCOTTES
préparation : 20 minutes
cuisson : 35 minutes

1 kg environ de filets de sardines fraîches
500 g de piquillos en boîte
4 oignons
2 gousses d'ail
80 g d'olives noires dénoyautées
1 branche de thym
5 cl d'huile d'olive
10 cl de vin blanc
sel et poivre

La préparation des ingrédients

Éplucher les oignons et l'ail. Émincer les oignons et écraser l'ail avec la paume de la main après en avoir retiré le germe.

Faire revenir l'ensemble, dans un faitout, avec l'huile d'olive quelques minutes à feu moyen. puis ajouter le vin blanc, la branche de thym et les olives coupées en rondelles. Saler et poivrer puis laisser mijoter à feu moyen pendant 15 minutes environ.

Une fois les oignons bien fondants, retirer la branche de thym.

Le montage des cocottes

Répartir la préparation aux oignons dans le fond des cocottes.

Disposer par-dessus les filets de sardines et les piquillos, en alternant les couches.

Cuire les tians dans un four chauffé à 210 °C (th. 7) pendant 15 minutes environ.

Servir les tians aussitôt, accompagnés d'une salade verte ou comme petit plat du plateau cocottes bodega, en les accompagnant d'une cocotte de cabillaud et chorizo au coulis de poivron (recette p. 152).

GRATIN DE MACARONIS À L'ANDOUILLETTE ET À LA MOUTARDE

POUR 6 À 8 COCOTTES
préparation : 20 minutes
cuisson : 25 minutes

300 g de macaronis
3 à 4 andouillettes
2 jaunes d'œufs
40 cl de crème liquide
3 c. à soupe d'huile d'olive
100 g de gruyère râpé
2 c. à soupe de moutarde en grains
sel et poivre du moulin

La préparation des ingrédients

Porter une grande casserole d'eau salée à ébullition et cuire les macaronis « *al dente* ».

Égoutter et refroidir. Brasser les pâtes avec l'huile d'olive et réserver.

Chauffer à feu moyen dans une casserole la crème, la moutarde, du sel et du poivre et laisser réduire à petits frémissements jusqu'à léger épaississement. Hors du feu, incorporer les jaunes d'œufs.

À l'aide d'un couteau, retirer le boyau des andouillettes et récupérer toute la chair.

Le montage des cocottes

Préchauffer le four à 180 °C (th. 6).

Mélanger les macaronis avec la chair des andouillettes, la crème à la moutarde et le gruyère râpé. Répartir soigneusement dans les cocottes et faire gratiner pendant 15 minutes environ.

COCOTTE DE CREVETTES ET ASPERGES AU PARMESAN

POUR 6 À 8 COCOTTES
préparation : 35 minutes
cuisson : 30 minutes

16 grosses crevettes
2 bottes d'asperges vertes
400 g de parmesan entier
200 g de chapelure
40 cl de crème liquide
sel et poivre

La préparation des ingrédients

Éplucher et précuire les asperges à petits bouillons dans de l'eau salée pendant 10 minutes : elles doivent rester fermes.

Pendant ce temps, décortiquer les crevettes en prenant soin de garder la tête et la queue, et râper le parmesan à l'aide d'un économe ou d'un robot afin d'obtenir de jolis copeaux.

Retirer les asperges de l'eau avec précaution, les refroidir et les égoutter à plat sur un papier absorbant. Les couper en deux, conserver les pointes et mixer les pieds avec la crème et un peu de parmesan, saler légèrement et poivrer.

Le montage des cocottes

Répartir cette crème dans le fond des cocottes.

Préchauffer le four à 180 °C (th. 6).

Passer les crevettes et les pointes d'asperge dans la chapelure et les disposer tête en l'air dans les cocottes ; recouvrir généreusement de parmesan et mettre au four pour 8 minutes.

MINI GRATIN DE POMMES DE TERRE, CHAMPIGNONS ET ÉPINARDS

POUR 6 À 8 COCOTTES
préparation : 25 minutes
cuisson : 35 minutes

800 g de pommes de terre
150 g de champignons de Paris
200 g d'épinards frais
20 g de beurre
60 cl de crème fraîche
2 gousses d'ail
2 pincées de muscade
sel et poivre

La préparation des ingrédients

Éplucher l'ail et les pommes de terre. Effeuiller les épinards et les laver ainsi que les pommes de terre. Couper les pieds des champignons, les nettoyer et couper en fines lamelles puis trancher les pommes de terre en rondelles pas trop fines.

Le montage des cocottes

Alterner couches de pommes de terre et de champignons dans les cocottes, jusqu'à mi-hauteur.

Préchauffer le four à 180 °C (th. 6).

Dans un saladier, mixer la crème, l'ail, la muscade et les épinards. Saler et poivrer.
Répartir ce mélange sur les cocottes puis enfourner pour 35 minutes environ.

COCOTTE SOUFFLÉE DE POMMES DE TERRE AU LARD

POUR 6 À 8 COCOTTES
préparation : 35 minutes
cuisson : 15 minutes
réfrigération : 8 à 10 minutes

12 tranches fines de poitrine fumée
500 g de pommes de terre
4 blancs d'œufs
80 g + 40 g de beurre mou
25 g de farine
2 pincées de muscade
sel et poivre

La préparation des ingrédients

Remplir une casserole d'eau froide salée et cuire les pommes de terre 25 à 30 minutes (selon leur taille) à partir de l'ébullition.

À l'aide d'un pinceau, badigeonner généreusement les cocottes de beurre, les saupoudrer uniformément de farine (retirer l'excédent en retournant les cocottes) puis les entreposer au réfrigérateur quelques minutes. Sortir les œufs du réfrigérateur pour les mettre à température ambiante.

Émincer finement les tranches de lard (garder 2 ou 3 tranches pour la présentation).
Égoutter, refroidir et éplucher les pommes de terre. Les écraser dans un saladier
à l'aide d'un rouleau à pâtisserie ou d'un presse-purée et incorporer 40 g de beurre fondu.
Ajouter la muscade, les lamelles de lard et rectifier l'assaisonnement.

Préchauffer le four à 210 °C (th. 7).

Monter en neige ferme les blancs d'œufs avec 1 pincée de sel et les incorporer délicatement
à l'aide d'une spatule à la purée de pomme de terre au lard.

Le montage des cocottes

Remplir les cocottes à ras bord et lisser à la spatule.

Enfourner pour 15 minutes : le mélange doit monter et dorer légèrement.
Décorer avec les petites tranches de lard et servir sans attendre.

SOUFFLÉ DE VOLAILLE À L'ESTRAGON

POUR 6 COCOTTES
préparation : 45 minutes
cuisson : 40 minutes

250 g de blancs de poulet
40 cl de bouillon de volaille (1 cube)
4 œufs
½ litre de lait
50 g de beurre + 40 g pour les cocottes
50 g de farine + 25 g pour les cocottes
1 petite botte d'estragon
50 g de gruyère râpé ou de parmesan
sel et poivre

La préparation des ingrédients

Cuire les blancs de poulet dans le bouillon de volaille.

Une fois cuits, les passer au hachoir (grille fine) avec les feuilles d'estragon. Réserver au frais.

Réaliser une béchamel : dans une casserole, faire fondre 50 g de beurre puis verser les 50 g de farine en pluie et bien mélanger à l'aide d'une spatule en bois, sur feu doux, pendant 2 minutes environ.

Chauffer le lait puis le verser petit à petit sur le roux blanc, sans cesser de remuer, saler et poivrer et cuire doucement 2 à 3 minutes.

Hors du feu, incorporer le poulet haché à la béchamel, le gruyère et enfin les jaunes d'œufs (réserver les blancs).

Le montage des cocottes

Préchauffer le four à 210 °C (th. 7).

À l'aide d'un pinceau, badigeonner généreusement les cocottes de beurre, les saupoudrer uniformément de farine (retirer l'excédent en retournant les cocottes) puis les entreposer au réfrigérateur quelques minutes.

Monter les blancs d'œufs en neige assez ferme, au fouet ou au batteur.

Incorporer délicatement, à l'aide d'une spatule en silicone, les blancs en neige à la préparation au poulet.

Garnir les cocottes à ras bord, lisser à la spatule et, à l'aide du pouce et de l'index, nettoyer les contours pour que la préparation monte joliment à la cuisson.

Enfourner pour 12 à 15 minutes et servir sans attendre.

SOUFFLÉ AU FOIE GRAS

POUR 6 À 8 COCOTTES
préparation : 35 minutes
cuisson : 25 minutes

5 œufs
30 cl de lait
40 g de beurre + 40 g pour les cocottes
50 g de farine + 25 g pour les cocottes
180 g de foie gras mi-cuit
3 pincées de 4 épices
sel et poivre

La préparation des ingrédients

Réaliser une béchamel : dans une casserole, faire fondre 40 g de beurre puis verser les 50 g de farine en pluie et bien mélanger à l'aide d'une spatule en bois, sur feu doux, pendant 2 minutes environ.

Chauffer le lait puis le verser petit à petit sur le roux blanc, sans cesser de remuer, ajouter le quatre-épices, saler et poivrer et cuire doucement 2 à 3 minutes.

Couper le foie gras finement ou, au mieux, le passer au tamis fin, ajouter les jaunes d'œufs (réserver les blancs) puis incorporer l'ensemble, hors du feu, à la béchamel.

Le montage des cocottes

Préchauffer le four à 210 °C (th. 7).

À l'aide d'un pinceau, badigeonner généreusement les cocottes de beurre, les saupoudrer uniformément de farine (retirer l'excédent en retournant les cocottes) puis les entreposer au réfrigérateur quelques minutes.

Monter les blancs d'œufs en neige assez ferme, au fouet ou au batteur.

Incorporer délicatement, à l'aide d'une spatule en silicone, les blancs en neige à la préparation au foie gras.

Garnir les cocottes à ras bord, lisser à la spatule et, à l'aide du pouce et de l'index, nettoyer les contours pour que la préparation monte joliment à la cuisson.

Enfourner pour 12 à 15 minutes et servir sans attendre.

PLATEAUX COCOTTES

mon plateau cocotte végétarien

POLENTA GRATINÉE À LA TOMATE
+ frittata de légumes (voir recette p. 30)

POUR 6 À 8 COCOTTES
préparation : 40 minutes
cuisson : 1 heure 50

Pour la polenta
400 g de polenta
1 l de lait
80 g de beurre
10 cl d'huile d'olive
20 g de sel
125 g de parmesan ou de gruyère râpé

Pour la sauce tomate
800 g de tomates pelées
2 oignons
1 branche de thym et 1 feuille de laurier
½ branche de céleri
2 gousses d'ail
1 c. à soupe de concentré de tomate
15 g de sucre en poudre
5 cl d'huile d'olive
sel et poivre du moulin

La sauce tomate
Éplucher les oignons et l'ail. Émincer les oignons, le céleri, puis écraser l'ail avec la paume de la main après en avoir retiré le germe.
Faire revenir l'ensemble avec l'huile d'olive dans un faitout quelques minutes à feu moyen puis ajouter le concentré de tomate, le sucre, la feuille de laurier et le thym.
Ajouter enfin les tomates pelées, saler et poivrer puis laisser mijoter à feu moyen une petite heure.
Une fois la sauce tomate cuite, retirer le thym et la feuille de laurier.

La polenta
Dans une casserole, chauffer le lait, le sel, le beurre et l'huile d'olive sur feu moyen jusqu'à ébullition.
Hors du feu, incorporer petit à petit la polenta en pluie, en remuant bien à l'aide d'un fouet.
Remettre sur feu doux et cuire la polenta quelques minutes, sans cesser de remuer, jusqu'à épaississement.

Le montage des cocottes
Répartir sans attendre la polenta dans les cocottes, aux deux tiers de leur hauteur, puis la lisser avec le dos d'une cuillère.
Préchauffer le four à 180 °C (th. 6). Napper généreusement chaque cocotte de sauce tomate, les parsemer de parmesan ou de gruyère râpé puis les enfourner pour 15 à 20 minutes environ, jusqu'à ce qu'elles soient bien gratinées.
Servir les cocottes en garniture d'une volaille, d'une viande mijotée en sauce ou comme petit plat de ce plateau cocottes végétarien en l'accompagnant de la frittata de légumes (recette p. 30) et d'une petite salade d'herbes.

mon plateau cocotte terre et mer

COCOTTE CRUMBLE AUX ESCARGOTS ET NOIX DE PÉTONCLES
+ cocotte de crevettes et asperges au parmesan (voir recette p. 116)

POUR 6 À 8 COCOTTES
préparation : 25 minutes
cuisson : 15 minutes

4 douzaines d'escargots (en boîte)
300 g de noix de pétoncles
4 gousses d'ail
1 botte de persil plat
150 g de beurre demi-sel mou
40 cl de vin blanc
8 tranches de pain de mie
80 g d'amandes effilées
sel et poivre

La préparation des ingrédients
Laver puis effeuiller le persil.

Éplucher l'ail et retirer le germe, le hacher finement avec le persil puis mélanger avec le beurre mou dans un petit saladier. Réserver à température ambiante.

Couper le pain de mie en petits dés, le mélanger avec les amandes et faire revenir 2 à 3 minutes à la poêle avec un peu de beurre persillé ; saler et poivrer.

Le montage des cocottes
Préchauffer le four à 200 °C (th. 6-7).

Répartir les escargots et les noix de pétoncles dans les cocottes, saler, poivrer, arroser d'un peu de vin blanc et ajouter une belle noisette de beurre persillé.

Recouvrir avec les croûtons aux amandes et enfourner pour 8 à 10 minutes.

Servir les cocottes aussitôt, comme je vous le propose dans ce plateau cocottes terre et mer avec une cocotte de crevettes et asperges au parmesan (recette p. 116).

mon plateau cocotte exotique

CLAFOUTIS D'AVOCAT AU THON
+ flan d'ananas et coco (voir recette p. 168)

POUR 6 À 8 COCOTTES
préparation : 20 minutes
cuisson : 30 minutes

600 g de filets de thon rouge
3 beaux avocats
50 cl de lait
50 cl de crème liquide
5 œufs
2 jaunes d'œufs
100 g de Maïzena
3 pincées de curry
1 c. à café de sel
2 pincées de poivre
60 g de sésame

La préparation des ingrédients

Détailler le thon en cubes d'environ 3 cm de côté. Les réserver au réfrigérateur.

Couper les avocats en deux dans le sens de la longueur, ôter les noyaux et, à l'aide d'une cuillère à soupe, extraire toute la chair. La couper en dés et réserver la moitié pour le montage des cocottes.

Mixer le reste avec le lait, la crème, les œufs entiers, les jaunes, la Maïzena, le curry, le sel et le poivre. Vérifier l'assaisonnement.

Le montage des cocottes

Préchauffer le four à 170 °C (th. 5-6).

Répartir les dés d'avocat dans le fond des cocottes, verser dessus le mélange crémeux puis disposer soigneusement les cubes de thon.

Parsemer de sésame, enfourner et cuire pendant 30 minutes environ.

Servir les cocottes aussitôt, comme je vous le propose sur ce plateau cocottes exotique, accompagnées d'un riz basmati et d'un flan d'ananas et coco (recette page 00).

mon plateau cocotte brunch

PETIT PAIN EN COCOTTE
+ œufs pochés en cocotte au bacon (voir recette p. 38)
+ sabayon d'orange à la cannelle (voir recette p. 178)

POUR 8 À 10 COCOTTES
préparation : 40 minutes
repos : 1 heure 30
cuisson : 15-20 minutes

625 g de farine de blé
125 g de farine de seigle ou de châtaigne (épiceries bio)
15 g de sel
25 g de levure fraîche
25 cl de bière blonde
25 cl d'eau
1 c. à café de cassonade
huile neutre (pour graisser les cocottes)

La préparation des pains

Réunir tous les ingrédients dans le bol du robot. Pétrir tout doucement jusqu'à
ce que tout soit bien mélangé, puis augmenter la vitesse et pétrir pendant 10 minutes environ.
La pâte doit se détacher du bol et former une masse homogène.

Déposer la boule de pâte sur un plan de travail fariné puis la diviser en deux pâtons. Aplatir chacun d'eux
avec la paume de la main puis les enrouler sur eux-mêmes en insistant plusieurs fois pour les allonger
et ainsi former deux petites baguettes.

Détailler chacune d'elles en petits morceaux de pâte de 80 g environ. Façonner dans le creux de vos mains
et sur le plan de travail chaque petit morceau de pâte en appuyant légèrement afin d'obtenir
des petites boules uniformes et sans bulles d'air.

Le montage des cocottes

Badigeonner légèrement les cocottes d'huile puis déposer dans chacune d'elles une boule de pâte.
Recouvrir les cocottes de leur couvercle puis réserver les petits pains au réfrigérateur au moins 1 heure.

Sortir les cocottes du réfrigérateur, retirer les couvercles puis faire lever les pains à température ambiante
pendant 1 heure à 1 heuez 30 (la pâte doit doubler de volume), ou dans le four préchauffé
à 30 °C (th. 1) puis éteint pendant 15 à 20 minutes.

À l'aide d'une passoire fine, saupoudrer légèrement les petits pains de farine puis les cuire 15 minutes
au four à 220 °C (th. 7-8) jusqu'à ce qu'ils soient bien dorés.

À la sortie du four, les laisser refroidir quelques minutes avant de les servir, comme ici, sur le plateau
cocottes brunch ou pour accompagner toute autre recette salée en mini cocottes en les parfumant,
à votre guise, de copeaux d'olives, de lardons, de noix, de tomates séchées, d'origan…

mon plateau cocotte fromages et fruits

TIAN DE FIGUES ET CHÈVRE FRAIS AU ROMARIN
+ cocotte au pain perdu, camembert et groseilles (voir recette p. 108)

POUR 6 À 8 COCOTTES
préparation : 15 minutes
cuisson : 15 minutes

400 g de figues fraîches ou séchées
6 crottins de chèvre frais
2 branches de romarin
10 cl d'huile d'olive
100 g de miel
poivre du moulin

La préparation des ingrédients

Couper les figues et les crottins de chèvre en rondelles.

Si vous utilisez des figues séchées, les hydrater dans de l'eau bouillante au moins 10 minutes avant.

Effeuiller le romarin.

Le montage des cocottes

Préchauffer le four à 200 °C (th. 6-7).

Intercaler les rondelles de figue et de chèvre en couches successives dans les cocottes.

Parsemer de romarin et napper les tians d'un peu d'huile d'olive et de miel.

Poivrer à votre goût puis enfourner pour 15 minutes environ.

Servir les cocottes bien chaudes, avec une salade verte ou comme petit plat de ce plateau fromages et fruits, accompagnées d'un pain perdu au camembert et groseilles (recette page 00).

mon plateau cocotte pique-nique

COCOTTE DE LENTILLES COLORÉES ET SAUCISSE DE MORTEAU
+ cocotte de carottes au curry et pain d'épices (voir recette p. 84)

POUR 6 À 8 COCOTTES
préparation : 30 minutes
cuisson : 55 minutes

80 g de lentilles vertes
80 g de lentilles noires
80 g de lentilles corail
(épiceries bio ou asiatiques)
½ saucisse de Morteau
1 oignon
1 branche de thym
1 feuille de laurier
2 cubes de bouillon de poule
(env. 75 cl d'eau)
2 c. à soupe de moutarde en grains

La préparation des ingrédients

Mettre séparément les 3 types de lentilles dans 50 cl d'eau froide salée puis laisser cuire à feu moyen, 10 minutes pour les lentilles corail et 20 minutes pour les lentilles vertes et noires.

Pendant ce temps, éplucher et ciseler l'oignon.

Porter le bouillon de poule à ébullition avec l'oignon, le thym, le laurier et la demi-saucisse puis laisser cuire à petits bouillons pendant 10 minutes environ.

Égoutter et rafraîchir les lentilles.

Préchauffer le four à 200 °C (th. 6-7).

Éplucher et détailler la saucisse en demi-rondelles, puis filtrer le bouillon à l'aide d'une passoire fine ou d'un chinois et délayer la moutarde avec.

Le montage des cocottes

Répartir le mélange de lentilles dans les cocottes, verser le bouillon à mi-hauteur et intercaler les petites tranches de saucisse.

Couvrir et enfourner pour 25 minutes.

Servir aussitôt les cocottes comme entrée chaude ou froide, accompagnées de carottes au curry et pain d'épices (recette p. 84), comme dans ce plateau pique-nique.

mon plateau cocotte campagnard

MINI TERRINE D'AGNEAU AUX BLETTES ET FROMAGE DE CHÈVRE
+ pommes grenailles, petits oignons et ail en chemise (voir recette p.42)

Pour 6 à 8 cocottes
préparation : 35 minutes
cuisson : 45 minutes

1 kg d'épaule ou de gigot d'agneau désossé
2 bottes de blettes
4 crottins de chèvre frais
3 gousses d'ail
4 c. à soupe d'huile d'olive
1 petite c. à café de cardamome en poudre
1 petite c. à café de cumin en poudre
2 œufs
sel et poivre du moulin

La préparation de la farce

Couper l'épaule ou le gigot en gros cubes. Éplucher et dégermer l'ail.

Hacher le tout grossièrement à l'aide d'un hachoir manuel ou électrique (ou demander à son boucher), assaisonner de sel et de poivre puis bien mélanger avec l'huile d'olive, les œufs et les épices.
Réserver la farce au réfrigérateur.

La préparation des blettes et du chèvre

Effeuiller les blettes et garder les cardes (tiges) pour une autre recette.

Porter une casserole d'eau bien salée à ébullition. Plonger les feuilles dans l'eau bouillante pendant 2 minutes puis les rafraîchir dans un bain d'eau glacée. Les éponger soigneusement sur un papier absorbant.

Couper les crottins de chèvre en rondelles de 1,5 cm d'épaisseur environ.

Le montage des cocottes

Tapisser les parois intérieures des cocottes de feuilles de blette en prenant soin d'en laisser retomber dehors.

Garnir d'une première couche de farce en tassant bien. Recouvrir d'une fine couche de blettes et d'1 ou 2 rondelles de chèvre. Enfin, répartir le reste de farce et rabattre les blettes qui débordent en pressant bien afin de terminer les mini terrines.

Mettre les couvercles et cuire les cocottes au four à 180 °C (th. 6) pendant 40 minutes.

L'avantage de ces mini terrines est de pouvoir être servies encore tièdes, avec un chutney d'oignons par exemple, ou alors bien froides comme je vous le propose dans ce plateau campagnard, en tranches sur du bon pain et accompagnées de pommes grenailles (recette p. 42).

mon plateau cocotte du dimanche soir

CLAFOUTIS DE PETITS POIS, JAMBON ET BOURSIN
+ cocotte de légumes (voir recette p. 44)

POUR 4 OU 5 COCOTTES
préparation : 15 minutes
cuisson : 25 minutes

3 à 4 tranches de jambon blanc
200 g de petits pois écossés (frais ou surgelés)
70 g de Boursin
1 jaune d'œuf
4 œufs entiers
60 g de Maïzena
15 cl de crème liquide
20 cl de lait
sel et poivre

La préparation des ingrédients

Mettre le Boursin dans un saladier avec le jaune d'œuf, mélanger doucement au fouet en ajoutant les œufs entiers un par un. Incorporer ensuite la Maïzena, puis la crème liquide et le lait petit à petit. Saler, poivrer et réserver au frais.

Préchauffer le four à 180 °C (th. 6).

Tailler le jambon en petits morceaux et le mélanger avec les petits pois.

Le montage des cocottes

Répartir le mélange jambon-petits pois dans les cocottes préalablement disposées sur une plaque à rebords remplie d'eau à mi-hauteur.

Répartir le mélange crémeux au Boursin dans chaque cocotte et enfourner, sans les couvercles, pour 20 à 25 minutes environ.

Servir les cocottes aussitôt, en entrée ou comme petit plat, accompagnées d'une salade verte ou, comme je vous le propose dans ce plateau cocottes du dimanche soir, avec une cocotte de légumes (voir recette p. 44).

mon plateau cocotte bistro gourmand

COCOTTE DE CANARD, CITRON ET SAUGE
+ flan de brocolis et cheddar (voir recette p. 66)

POUR 6 À 8 COCOTTES
préparation : 25 minutes
cuisson : 40 minutes + 15 minutes

5 ou 6 cuisses de canard confit
4 citrons
200 g de sucre en poudre
1 l d'eau
1 botte de sauge
2 gousses d'ail
100 g de chapelure
30 g de beurre

Les citrons confits

Couper les citrons en six, les mettre à chauffer dans une casserole à feu moyen, avec le sucre et l'eau, puis laisser confire jusqu'à la quasi totale évaporation du liquide. Réserver les citrons à température ambiante dans leur sirop. (Pour gagner du temps, on peut réaliser cette étape la veille ou utiliser des citrons confits.)

Le canard

Sortir le beurre du réfrigérateur pour qu'il soit à température ambiante. Allumer le four à 180 °C (th. 6) et enfourner les cuisses de canard dans un plat à gratin pour les dégraisser au maximum.

Pendant ce temps, effeuiller et laver la sauge, éplucher et hacher les gousses d'ail.

Mélanger, dans un bol, la chapelure, le beurre mou, l'ail et quelques feuilles de sauge ciselées ; malaxer du bout des doigts.

Le montage des cocottes

Sortir le canard du four, désosser les cuisses en prenant soin de conserver des gros morceaux de chair et les répartir dans les cocottes. Couper quelques citrons en petits morceaux et les ajouter au canard. Parsemer de chapelure parfumée et enfourner pour 15 minutes environ.

À la sortie du four, décorer les cocottes de quelques feuilles de sauge et de citron confit puis les servir aussitôt, comme je vous le propose dans ce plateau cocottes bistrot gourmand, accompagnées d'un flan de brocolis au cheddar (recette p. 66).

mon plateau cocotte dînette chic

RAVIOLES DE ROYAN AU BOUILLON DE POULE
+ aubergines gratinées *alla parmigiana* (voir recette p. 106)

POUR 6 À 8 COCOTTES
préparation : 15 minutes
cuisson : 15 minutes

300 g environ de ravioles de Royan
3 cubes de bouillon de poule dans 75 cl d'eau
1 botte de coriandre fraîche
poivre

La préparation des ingrédients

Porter le bouillon de poule à ébullition dans une casserole.

Préchauffer le four à 170 °C (th. 5-6).

Pendant ce temps, laver et effeuiller la coriandre puis détacher les ravioles.

Le montage des cocottes

Verser le bouillon chaud aux deux tiers des cocottes puis répartir les ravioles.

Parsemer de feuilles de coriandre, poivrer puis couvrir et enfourner pour 5 minutes environ.

Servir les cocottes aussitôt, en entrée ou comme petit plat de ce plateau cocottes dînette chic.

mon plateau cocotte des amoureux

FILET DE CAILLE ET FOIE GRAS, CHUTNEY DE BANANE ET CRUMBLE DE PAIN D'ÉPICES
+ pommes d'amour… une autre version (voir recette p. 162)

POUR 6 À 8 COCOTTES
préparation : 25 minutes
cuisson : 35 minutes

8 filets de caille (avec la peau et les ailerons)
200 g environ de foie gras mi-cuit
30 g de beurre
5 cl d'huile neutre
5 tranches de pain d'épices
sel et poivre du moulin

Pour le chutney
6 bananes mûres
60 g de raisins secs
8 cl de vinaigre blanc
1 petite c. à café de curry en poudre
30 g de gingembre frais
100 g de sucre cassonade
du poivre du moulin

Le chutney de banane (À préparer à l'avance, c'est mieux !)

Éplucher les bananes et le gingembre.

Râper finement le gingembre puis couper les bananes en rondelles.

Réunir le tout dans une casserole avec le sucre, le vinaigre, les raisins, le curry et un peu de poivre du moulin puis cuire à feu doux pendant 20 minutes environ, en remuant de temps en temps, afin d'obtenir une marmelade assez épaisse.

Les filets de caille

Dans une poêle, chauffer le beurre et l'huile puis faire revenir les filets de caille 2 minutes de chaque côté. Assaisonner puis réserver les filets sur un papier absorbant.

Le montage des cocottes

Préchauffer le four à 180 °C (th. 6).

Tailler le pain d'épices en petits dés. Répartir un peu de chutney dans le fond des cocottes, disposer par-dessus une petite tranche de foie gras et enfin les filets de caille et quelques dés de pain d'épices.

Enfourner et cuire pendant 10 minutes environ.

Servir aussitôt pour commencer un repas de fête, lors d'un apéro chic ou, comme je vous le propose dans ce plateau des amoureux, accompagné d'une pomme d'amour (recette p. 160)… à partager !

mon plateau cocotte bodega

COCOTTE DE CABILLAUD ET CHORIZO, COULIS DE POIVRON
+ tian de sardines et piquillos (voir recette p. 112)

POUR 6 À 8 COCOTTES
préparation : 35 minutes
cuisson : 55 minutes

500 g de filet de cabillaud avec la peau
8 tranches de chorizo
4 poivrons rouges
1 c. à café de concentré de tomate
2 gousses d'ail
1 oignon
10 cl d'huile d'olive
sel et poivre

La préparation des ingrédients

Allumer le four à 220 °C (th. 7-8).

Arroser les poivrons d'huile d'olive. Enfourner 20 à 25 minutes environ : ils doivent être bien grillés et la peau presque brûlée. Les recouvrir d'aluminium et les laisser refroidir à température ambiante.

Pendant ce temps, tailler le cabillaud en gros cubes d'environ 70 g et réserver au réfrigérateur.
Éplucher et ciseler l'ail et l'oignon.

Ouvrir les poivrons en deux, retirer le pédoncule et les pépins puis la peau.
Dans une casserole, chauffer le reste d'huile d'olive, faire revenir l'ail et l'oignon (sans coloration) 3 à 4 minutes, puis ajouter la chair des poivrons, le concentré de tomate et 10 cl d'eau. Saler, poivrer, bien mélanger et laisser cuire 5 minutes.

Retirer du feu et mixer le tout afin d'obtenir un coulis (rajouter un peu d'eau si le mélange semble trop épais).

Le montage des cocottes

Verser le coulis dans les cocottes, à mi-hauteur, puis disposer au centre 1 morceau de cabillaud et 1 tranche de chorizo. Saler, poivrer légèrement, couvrir et mettre les cocottes au four 20 minutes.

Servir les cocottes aussitôt, comme dans ce plateau cocottes bodega, accompagnées d'un tian de sardines et piquillos (recette p. 112).

Astuce

Vous pouvez remplacer l'eau dans le coulis par de la crème liquide afin d'obtenir une crème de poivron plus gourmande...

mon plateau cocotte tea time

ZUPPA INGLESA
+ financier soufflé aux abricots (voir recette p. 156)

POUR 6 À 8 COCOTTES
préparation : 45 minutes
réfrigération : 1 heure
cuisson : 25 minutes

25 cl de lait
25 cl de crème liquide
½ gousse de vanille
ou 1 c. à café d'extrait de vanille
4 œufs
280 g de sucre en poudre
40 g de chocolat noir

1 génoise ou une trentaine de biscuits à la cuillère
5 c. à soupe de sirop de cerise, de framboise
ou d'orange
3 c. à soupe de Campari
10 cl d'eau
100 g de fruits confits en cubes

La préparation des ingrédients

Chauffer la crème, le lait et la vanille dans une casserole à feu doux.

Pendant ce temps, séparer les blancs des jaunes d'œufs puis fouetter énergiquement les jaunes avec 120 g de sucre en poudre.

Incorporer la crème et le lait chauds en mélangeant bien. Remettre la crème dans la casserole, sur feu doux, sans cesser de remuer jusqu'à ce que la crème nappe la spatule (attention : la crème ne doit surtout pas bouillir).

Répartir la crème dans 2 récipients froids pour stopper la cuisson. Ajouter le chocolat en morceaux dans l'un des deux bols et laisser fondre.

Le montage des cocottes

Dans un bol, mélanger le sirop de fruits, le Campari et l'eau.

Tapisser le fond des cocottes d'une fine couche de génoise ou de biscuits puis, à l'aide d'un pinceau, les imbiber de sirop. Parsemer de quelques fruits confits puis verser une couche de crème au chocolat. Recommencer ces étapes avec la crème vanillée. Réserver au moins 1 heure au frais.

La meringue

Trente minutes avant de servir, monter les blancs d'œufs en neige ferme. Diminuer la vitesse, verser les 160 g de sucre en poudre restants, sans cesser de battre afin de bien dissoudre le sucre et d'obtenir une meringue brillante.

Garnir une poche à pâtisserie de meringue puis décorer les cocottes. Faire dorer légèrement à l'aide d'un chalumeau ou sous le gril du four.

Servir les cocottes aussitôt, en dessert ou comme je vous le propose ici, en véritable gourmandise de ce plateau cocottes *tea time*, accompagnées d'un financier soufflé aux abricots (recette p. 156) et d'un thé bien chaud.

COCOTTES SUCRÉES

FINANCIER SOUFFLÉ AUX ABRICOTS

POUR 6 À 8 COCOTTES
préparation : 10 minutes
réfrigération : 15 minutes
cuisson : 30 minutes

150 g de beurre + 70 g pour les cocottes
125 g de sucre glace
130 g de poudre d'amandes
8 blancs d'œufs
100 g de sucre en poudre + 70 g pour les cocottes
45 g de farine
200 g d'abricots

La préparation des ingrédients

Dans une casserole, faire fondre 150 g de beurre et le laisser colorer légèrement afin d'obtenir un beurre noisette. Réserver et laisser refroidir à température ambiante.

Réunir dans un saladier la poudre d'amandes, le sucre glace et la farine. Incorporer petit à petit 4 blancs d'œufs, en mélangeant bien pour éviter les grumeaux. Enfin, ajouter le beurre noisette refroidi, mélanger de nouveau puis incorporer les abricots coupés en petits dés. Réserver la pâte au réfrigérateur.

Le montage des cocottes

À l'aide d'un pinceau, badigeonner les cocottes avec 70 g de beurre mou et les saupoudrer avec 70 g de sucre, puis retourner les cocottes en les tapotant légèrement pour retirer l'excédent de sucre. Les mettre au réfrigérateur pour figer le beurre.

Battre au fouet ou au batteur les 4 blancs d'œufs restants en neige, puis verser 100 g de sucre et continuer de battre 2 minutes pour raffermir les blancs.

Incorporer, à l'aide d'un fouet, un tiers des blancs montés à la pâte aux abricots puis avec une spatule, plus délicatement, les deux tiers restants.

Préchauffer le four à 180 °C (th. 6).

Répartir la pâte dans les cocottes jusqu'aux rebords puis lisser à l'aide d'une spatule métallique.
À l'aide du pouce et de l'index, nettoyer les rebords afin que le financier monte uniformément à la cuisson.

Enfourner et cuire 20 minutes environ.

Servir les cocottes aussitôt, en dessert ou comme gourmandise au moment du thé dans le plateau cocottes *tea time*, accompagnées d'une *zuppa inglesa* (recette p. 152) et d'un thé bien chaud.

TOMATES RÔTIES À LA VANILLE ET AU MIEL

POUR 8 COCOTTES
préparation : 15 minutes
cuisson : 1 heure 40

8 tomates de taille moyenne
200 g de miel
2 gousses de vanille

La préparation des ingrédients

Monder les tomates : porter une casserole d'eau à ébullition. À l'opposé du pédoncule, inciser d'une croix peu profonde la base des tomates.

Les plonger 10 secondes à peine dans l'eau frémissante puis les tremper dans un bain d'eau glacée.

Retirer délicatement la peau puis éponger les tomates sur un papier absorbant.

Le montage des cocottes

Disposer les tomates dans les mini cocottes.

Dans une casserole, chauffer le miel jusqu'à légère caramélisation.

Couper les gousses de vanille dans le sens de la longueur, racler les graines dans le miel puis diviser les gousses en 8 bâtonnets.

Les planter dans chaque tomate puis napper de miel vanillé.

Enfourner les mini cocottes au four à 120 °C (th. 4) et cuire pendant 1 heure 30 environ.

Servir les tomates encore tièdes, accompagnées de glace vanille et de biscuits secs.

POMMES D'AMOUR… UNE AUTRE VERSION

POUR 6 À 8 COCOTTES
préparation : 30 minutes
cuisson : 25 minutes

6 à 8 pommes (fermes et pas trop grosses)
50 cl de grenadine
1,5 l d'eau
250 g de fruits séchés (abricots, pruneaux, figues, raisins)
80 g de fruits secs (pistaches, amandes, pignons)
100 g de confiture de fraise ou de framboise
200 g de pâte kadaïf (épiceries grecques, turques ou orientales)
ou de vermicelles chinois (cheveux d'ange)

La préparation des ingrédients

Dans une casserole, porter l'eau et la grenadine à ébullition.

Pendant ce temps, à l'aide d'un épluche-légumes, ôter soigneusement les pédoncules des pommes. Les réserver pour le montage.

Éplucher puis vider les pommes de l'intérieur.

Pocher les pommes dans le sirop à la grenadine jusqu'à ce qu'elles soient bien rouges et pratiquement cuites, en les tournant de temps en temps.

Couper les fruits séchés en petits dés puis les mélanger aux fruits secs et à la confiture.

Garnir une poche à pâtisserie de ce mélange.

Le montage des cocottes

Préchauffer le four à 200 °C (th. 6-7).

Tapisser le fond des cocottes d'un peu du mélange aux fruits.

Placer dessus les pommes pochées afin de les stabiliser, puis les farcir avec le reste du mélange. Replacer soigneusement les pédoncules sur chacune d'elles.

Enrouler un peu de pâte kadaïf autour de chaque pomme.

Enfourner et cuire pendant 15 minutes environ, jusqu'à ce que les cheveux d'ange soient bien dorés.

Servir les pommes d'amour en dessert avec une glace vanille par exemple, ou comme gourmandise à partager, accompagnées de filets de caille au foie gras, chutney de banane et crumble de pain d'épices (recette p. 148) pour un plateau en amoureux !

POIRES AU VIN ET AMANDES

POUR 6 COCOTTES
préparation : 35 minutes
cuisson : 55 minutes

Pour les poires au vin
6 poires de taille moyenne
1 l de vin rouge
5 cl de crème de cassis
100 g de sucre en poudre
3 étoiles de badiane (anis)
2 bâtons de cannelle
½ orange
½ citron

Pour la crème d'amandes
125 g de poudre d'amandes
125 g de beurre (sortir du réfrigérateur 1 heure avant)
125 g de sucre en poudre
2 œufs
1 c. à café d'extrait de vanille
1 c. à soupe de rhum brun
60 g d'amandes effilées

La préparation des ingrédients

À l'aide d'un épluche-légumes, prélever les zestes de l'orange et du citron.

Dans une casserole, porter le vin à ébullition avec la crème de cassis, le sucre, l'anis, la cannelle et les zestes d'orange et de citron.

Pendant ce temps, éplucher les poires en prenant soin de ne pas couper la queue.

Les évider délicatement par le pédoncule à l'aide d'un épluche-légumes.

Plonger les poires dans le vin chaud et cuire à couvert, à feu moyen, pendant 20 minutes environ, en les retournant de temps en temps.

Retirer du feu et laisser refroidir les poires dans le vin à température ambiante.

Dans un saladier, au fouet ou au batteur, travailler énergiquement le beurre en petits morceaux avec le sucre afin d'obtenir une pommade lisse.

Ajouter les œufs, fouetter de nouveau puis incorporer la poudre d'amandes, l'extrait de vanille et le rhum.

Le montage des cocottes

Égoutter les poires puis les disposer au centre de chaque cocotte. Filtrer le vin et le réserver au réfrigérateur pour le servir en accompagnement dans une verrine.

Préchauffer le four à 180 °C (th. 6).

À l'aide d'une poche à pâtisserie, entourer les poires d'une généreuse couronne de crème d'amandes puis saupoudrer d'amandes effilées.

Enfourner les cocottes et cuire les poires au vin et amandes pendant 30 minutes environ.

Vous pouvez déguster les cocottes encore tièdes, accompagnées d'une verrine de sirop de vin et/ou d'une glace vanille pour encore plus de gourmandise.

COCOTTE VICTORIA

POUR 8 COCOTTES
préparation : 45 minutes
cuisson : 45 minutes
réfrigération : 2 heures au moins

8 ananas victoria (mini)
20 cl d'eau + 50 g de sucre en poudre
5 cl de rhum brun
10 cl de crème liquide
6 jaunes d'œufs
60 g de sucre en poudre
20 g de Maïzena
10 g de gingembre confit

La préparation des ingrédients

Couper les ananas aux deux tiers de leur hauteur. Éplucher la tête du fruit. Pour la base du fruit, creuser à l'aide d'un petit couteau et ensuite d'une cuillère l'intérieur de l'ananas, afin d'extraire la chair et le cœur.

Réserver les coques d'ananas au frais et peser 250 g de chair pour réaliser la crème.

Préparer un sirop en portant l'eau et le sucre à ébullition puis, hors du feu, ajouter le rhum.

Mixer le sirop, la chair d'ananas et le gingembre confit en petits morceaux afin d'obtenir une pulpe semi-épaisse.

Chauffer dans une casserole, à feu doux, la crème liquide et un tiers de la pulpe d'ananas.

Pendant ce temps, fouetter énergiquement dans un saladier les jaunes d'œufs et le sucre, puis incorporer la Maïzena.

Verser la crème chaude sur ce mélange, bien dissoudre l'ensemble puis remettre la crème dans une casserole sur feu doux, sans cesser de mélanger, pendant 2 à 3 minutes jusqu'à épaississement.

Hors du feu, incorporer le reste de pulpe.

Le montage des cocottes

Disposer les coques d'ananas dans les cocottes puis les garnir délicatement de crème à l'ananas.

Préchauffer le four à 210 °C (th. 7).

Enfourner les cocottes, baisser la température (th. 6) et cuire les ananas pendant 25 minutes environ.

À la sortie du four, laisser refroidir les cocottes à température ambiante puis les réserver au réfrigérateur 2 heures au moins avant de les servir.

CHEESE-CAKE AUX MYRTILLES

POUR 4 À 6 COCOTTES
préparation : 40 minutes
cuisson : 40 minutes
réfrigération : 2 heures 15 au moins

200 g de fromage blanc
75 g de mascarpone
½ citron jaune
4 jaunes d'œufs
110 g de sucre en poudre
150 g de biscuits secs (spéculos, cookies, sablés…)
60 g de beurre
200 g de myrtilles (si vous utilisez des myrtilles surgelées,
bien les égoutter avant de garnir les cocottes)

La préparation des ingrédients

Prélever à l'aide d'un épluche-légumes le zeste du citron, puis le hacher finement.

Pendant ce temps, réunir dans un saladier les jaunes d'œufs et le sucre puis fouetter énergiquement afin que le mélange blanchisse.

Incorporer au fouet le mascarpone puis le fromage blanc. Réserver au réfrigérateur.

Mixer au robot les biscuits secs afin d'obtenir une fine chapelure.

Faire fondre le beurre au four à micro-ondes.

Verser le beurre fondu sur la chapelure de biscuits et bien mélanger.

Le montage des cocottes

Tapisser le fond des cocottes avec 1 cm du mélange biscuits-beurre en pressant bien avec le dos d'une cuillère. Mettre les cocottes au réfrigérateur 15 minutes environ afin de figer les biscuits avec le beurre.

Allumer le four à 150 °C (th. 5).

Répartir les myrtilles dans les cocottes puis recouvrir de crème cheese.

Placer les cocottes sur une plaque à rebords remplie d'eau à mi-hauteur et cuire au four pendant 40 minutes environ.

Une fois cuits et légèrement refroidis à température ambiante, réserver les cheese-cakes au réfrigérateur 2 heures au moins avant de les déguster.

FLAN D'ANANAS ET COCO

pour 6 à 8 cocottes
préparation : 25 minutes
cuisson : 50 minutes

1 ananas
60 cl de lait concentré non sucré
80 cl de lait de coco
200 g de sucre en poudre
80 g de noix de coco en poudre
6 œufs

La préparation des ingrédients

Peler l'ananas à vif. Retirer les « yeux » qui pourraient rester.

Le couper ensuite en quatre dans le sens de la longueur, ôter le cœur du fruit puis découper chaque quartier en petits dés de 1 cm environ.

Dans une casserole, chauffer à feu moyen le lait concentré et le lait de coco.

Pendant ce temps, bien battre ensemble les œufs, le sucre et la noix de coco râpée.

Verser le lait chaud en mélangeant bien afin de dissoudre l'ensemble.

Le montage des cocottes

Préchauffer le four à 170 °C (th. 5-6).

Garnir les cocottes aux deux tiers de leur hauteur avec les dés d'ananas puis répartir la crème coco.

Placer les cocottes sur une plaque à rebords remplie d'eau à moitié et cuire au bain-marie, au four, pendant 30 à 40 minutes.

Bien laisser refroidir avant de servir les cocottes, simplement en dessert ou accompagnées d'un clafoutis d'avocat au thon pour composer le menu du plateau cocottes exotique (recette p. 134).

PAIN PERDU AU LAIT DE COCO, FRAMBOISES ET PISTACHES

POUR 6 À 8 COCOTTES
préparation : 20 minutes
cuisson : 20-25 minutes

18 à 20 tranches de brioche
125 g de framboises
50 g de pistaches émondées nature
6 jaunes d'œufs
20 cl de crème liquide
40 cl de lait de coco
120 g de sucre en poudre
5 cl de rhum

La préparation des ingrédients

Détailler et arrondir les tranches de brioche afin qu'elles épousent bien les parois des cocottes.

Dans un saladier, mélanger énergiquement les jaunes d'œufs, le sucre et le rhum puis ajouter la crème et le lait de coco. Bien mélanger et réserver.

Préchauffer le four à 170 °C (th. 5-6).

Préparer un bain-marie pouvant aller au four (utiliser 2 plats de tailles différentes, le grand rempli d'eau et le petit placé dans l'eau).

Imbiber les tranches de brioche de la crème de coco.

Le montage des cocottes

Déposer un rond de brioche dans le fond de chaque cocotte, parsemer de quelques framboises et pistaches et ainsi de suite, successivement jusqu'à mi-hauteur. Répartir le reste de crème dans les cocottes puis les disposer dans le bain-marie.

Enfourner pour 20 à 25 minutes de cuisson.

Astuce

Ces pains perdus en cocottes peuvent se déguster chauds ou tièdes, accompagnés de crème épaisse, ou même froids, nappés d'un coulis de framboise.

COCOTTE DE POTIRON, CHÂTAIGNES ET CRÈME VANILLÉE

POUR 4 À 6 COCOTTES
préparation : 15 minutes
cuisson : 35 minutes
réfrigération : 30 minutes

800 g de potiron
125 g + 100 g de sucre en poudre
3 pincées de vanille en poudre
50 cl d'eau
20 châtaignes
3 œufs
35 cl de crème liquide
20 cl de lait
4 pincées de vanille en poudre

La préparation des ingrédients

Éplucher le potiron et le tailler en quartiers réguliers.

Disposer les quartiers dans une poêle à bords hauts, ajouter les 125 g de sucre, la vanille, l'eau et confire à feu moyen jusqu'à évaporation du liquide.

Pendant ce temps, casser les œufs dans un petit saladier, ajouter les 100 g de sucre, fouetter énergiquement puis mélanger la crème, le lait et la vanille.

Le montage des cocottes

Préparer un bain-marie pouvant aller au four et y déposer les cocottes.

Préchauffer le four à 150 °C (th. 5).

Couper soigneusement les quartiers de potiron en gros cubes avant de les répartir dans les cocottes, parsemer de quelques châtaignes puis verser le mélange crémeux.

Enfourner pour 25 minutes environ. Retirer les cocottes du bain-marie et les laisser refroidir à température ambiante. Réserver ensuite les cocottes au réfrigérateur afin de les servir bien fraîches.

COCOTTE TOUT CHOCOLAT

POUR 4 À 6 COCOTTES
préparation : 20 minutes
réfrigération : 30 minutes au moins
cuisson : 15 minutes

3 œufs
125 g de beurre + 50 g pour les cocottes
125 g de sucre en poudre
200 g de chocolat noir
60 g de farine
20 g de fécule de pomme de terre
20 g de cacao en poudre

La préparation des ingrédients

Découper le chocolat et le beurre en petits morceaux et les faire fondre au bain-marie dans une casserole. Laisser ramollir les 50 g de beurre pour chemiser les cocottes.

Dans un bol, mélanger la farine, la fécule et le cacao.

Ajouter le sucre au chocolat fondu puis les œufs entiers et mélanger énergiquement au fouet.

Y incorporer ensuite le mélange farine-cacao jusqu'à ce que la pâte soit bien homogène.

Le montage des cocottes

À l'aide d'un pinceau, beurrer généreusement l'intérieur des cocottes.

Répartir la pâte au chocolat dans les cocottes et les mettre au réfrigérateur pour au moins 30 minutes (les préparer la veille, c'est encore mieux).

Préchauffer le four à 200 °C (th. 6-7).

Enfourner les cocottes pour 7 à 8 minutes.

Déguster sans attendre !

COCOTTE DE FRUITS AU VIN DOUX, SABAYON ÉPICÉ

POUR 6 À 8 COCOTTES
préparation : 25 minutes
cuisson : 18 minutes

400 à 500 g de fruits de saison
40 cl de vin blanc doux (type jurançon ou sauternes)
8 jaunes d'œufs
250 g de sucre en poudre
10 g de mélange d'épices en poudre (vanille, cannelle, gingembre, cardamome, anis…)

La préparation des ingrédients
Laver, éplucher tous les fruits choisis et couper en morceaux les plus gros d'entre eux.

Le montage des cocottes
Les répartir harmonieusement dans les cocottes et les arroser avec un peu de vin.

Préchauffer le four à 180 °C (th. 6).

Dans un saladier posé au-dessus d'une casserole d'eau frémissante (bain-marie), travailler énergiquement, à l'aide d'un fouet, les jaunes d'œufs avec le sucre semoule et les épices, jusqu'à ce que le mélange blanchisse, épaississe et double de volume (compter 15 minutes environ). Puis, hors du bain-marie, incorporer le reste du vin blanc.

Napper généreusement les fruits de sabayon, puis glisser les cocottes dans le four et laisser colorer 2 à 3 minutes environ sur position gril.

SABAYON D'ORANGE À LA CANNELLE

POUR 6 À 8 COCOTTES
préparation : 25 minutes
cuisson : 20 minutes

12 oranges
8 jaunes d'œufs
200 g de sucre en poudre
10 g de cannelle en poudre

La préparation des ingrédients

Peler les oranges à vif.

À l'aide d'un couteau, prélever les suprêmes sans la peau, en prenant soin de récupérer leur jus.

Le montage des cocottes

Répartir les suprêmes d'orange harmonieusement dans les cocottes.

Préchauffer le four à 180 °C (th. 6).

Dans un saladier posé au-dessus d'une casserole d'eau frémissante (bain-marie), travailler énergiquement, à l'aide d'un fouet, les jaunes d'œufs, le sucre en poudre, la cannelle et le jus des oranges jusqu'à ce que le mélange blanchisse, épaississe et double de volume. Compter 15 minutes environ.

Napper généreusement les fruits du sabayon, puis glisser les cocottes dans le four, mettre sur position gril et laisser colorer 2 à 3 minutes environ.

Servir les cocottes en dessert ou comme idée sucrée du plateau cocottes brunch et les accompagner d'un petit pain en cocotte (recette p. 134) et d'un œuf poché en cocotte au bacon (recette p. 38).

COCOTTE POMMES-PRUNEAUX FAÇON CROUSTADE

POUR 6 À 8 COCOTTES
préparation : 35 minutes
cuisson : 30-35 minutes

6 à 8 pommes (la variété de votre choix)
30 pruneaux dénoyautés
30 cl de calvados ou d'armagnac
150 g de sucre en poudre
6 à 8 feuilles de brick
120 g de beurre
20 g de sucre roux en poudre

La préparation des ingrédients

Réaliser un sirop : dans une casserole, dissoudre la moitié du sucre avec un petit verre d'eau et la moitié du calvados puis chauffer légèrement, jusqu'aux premiers frémissements.

Verser le sirop chaud sur les pruneaux et laisser macérer 30 minutes.

Pendant ce temps, éplucher, vider et couper les pommes en quartiers. Les cuire dans une casserole, à feu moyen, avec le reste de sucre, de calvados et une grosse noix de beurre, pendant 7 à 8 minutes en mélangeant bien.

Faire fondre le reste de beurre avec le sucre roux et, à l'aide d'un pinceau, badigeonner les feuilles de brick.

Le montage des cocottes

Préchauffer le four à 170 °C (th. 5-6).

Garnir les cocottes aux deux tiers avec les quartiers de pomme, quelques pruneaux puis arroser légèrement de sirop.

Froisser dans vos mains les feuilles de brick puis les disposer dans les cocottes.

Enfourner les cocottes pour 6 à 7 minutes en surveillant la coloration.

À la sortie du four, déguster sans attendre.

COCOTTE SOUFFLÉE AUX POMMES

POUR 6 À 8 COCOTTES
préparation : 25 minutes
cuisson : 30 minutes

4 ou 5 pommes (jonagold ou reinette)
50 g de beurre mou
5 blancs d'œufs
40 g de sucre + 30 g
1 pincée de sel

La préparation des ingrédients

Éplucher, vider et couper les pommes en gros cubes.

Les cuire dans une casserole, à feu moyen, avec 20 g de sucre et un petit verre d'eau, jusqu'à évaporation du liquide, en mélangeant bien de manière à obtenir une compote bien sèche. La verser dans un saladier puis réserver à température ambiante.

Le montage des cocottes

Préchauffer le four à 210 °C (th. 7).

À l'aide d'un pinceau, badigeonner les cocottes avec le beurre mou et les saupoudrer avec 30 g de sucre, puis retourner les cocottes en les tapotant légèrement pour retirer l'excédent de sucre. Les mettre au réfrigérateur pour figer le beurre.

Monter en neige les blancs d'œufs salés, au fouet ou au batteur, puis les raffermir avec 20 g de sucre.

À l'aide d'une spatule en silicone, incorporer délicatement les blancs en neige à la compote.

Remplir les cocottes, lisser à la spatule et, à l'aide du pouce et de l'index, nettoyer les contours pour que la préparation monte joliment à la cuisson (comme un soufflé). Enfourner pour 12 à 15 minutes.

Servir les cocottes aussitôt, en dessert ou comme gourmandise au moment du thé dans le plateau cocottes *tea time*, accompagnées d'une *zuppa inglesa* (recette p. 154) et d'un thé bien chaud.

ANNEXES

INDEX DES RECETTES

A
aiguillettes de canard au saté 102
ailerons de poulets dorés, purée de marrons 52
astuces pour bien cuire en mini cocottes 6
aubergines gratinées à la parmigiana 106

B
boulettes de bœuf aux herbes et chili, haricots rouges 90

C
cheese cake aux myrtilles 166
clafoutis d'avocat au thon 132
clafoutis de petits pois, jambon et boursin 142
cocotte « vol au vent » 50
cocotte au pain perdu, camembert et groseilles 108
cocotte crumble aux escargots et noix de pétoncle 130
cocotte de cabillaud et chorizo, coulis de poivrons 150
cocotte de canard, citron et sauge 144
cocotte de carottes au curry et pain d'épices 84
cocotte de coquillages au cidre 70
cocotte de crevettes et asperges au parmesan 116
cocotte de fruits au vin doux, sabayon épicé 176
cocotte de légumes 44
cocotte de lentilles colorées et saucisse de morteau 138
cocotte de porc au caramel 86
cocotte de potiron, châtaignes et crème vanillée 172
cocotte de poulet et crevettes à la thaïe 88
cocotte de rougets en cheveux d'ange, tapenade et tomates confites 14
cocotte de Saint-Jacques au thé et à la citronnelle 20
cocotte pommes-pruneaux façon croustade 180
cocotte savoyarde 76
cocotte soufflée aux pommes 182
cocotte soufflée de pommes de terre au lard 120
cocotte tout chocolat 174
cocotte victoria 164
coquelet en cocotte aux deux pommes et framboises 54
crumble de boudin noir, poires et gingembre 92
cube de jambon rôti à l'ananas et choux rouge 72

F
filet de sole et épinards, meringue aux amandes 94
filets de caille et foie gras, chutney de bananes et crumble de pain d'épices 148
financier soufflé aux abricots 156
flan d'ananas et coco 168
flan de brocolis et cheddar 66
frittata de légumes 30

G
gnocchi aux olives et à la crème de parmesan 98
gratin de blettes aux pignons 110
gratin de macaroni à l'andouillette et à la moutarde 114

J
joues de cochon aux cocos blancs 74

L
la coquille Saint-Jacques, à décliner selon ses envies… 26
le poulet, à décliner selon ses envies… 56
les légumes en kit 48
les marinades du bistrot 60
les marinades exotiques 82
les œufs en kit 40

M

magret de canard croustillant aux fruits du mendiant	16
matelote de coquillages et crustacés	68
mini terrine d'agneau aux blettes et fromage de chèvre	140
mini-bouillabaisse	96
mini-gratin de pommes de terre, champignons et épinards	118
mon plateau cocotte bistro gourmand	144
mon plateau cocotte bodega	150
mon plateau cocotte brunch	134
mon plateau cocotte campagnard	140
mon plateau cocotte des amoureux	148
mon plateau cocotte dînette chic	146
mon plateau cocotte du dimanche soir	142
mon plateau cocotte exotique	132
mon plateau cocotte fromages et fruits	136
mon plateau cocotte pique-nique	138
mon plateau cocotte tea time	152
mon plateau cocotte terre et mer	130
mon plateau cocotte végétarien	128

O

œufs basquaise en cocottes	34
œufs cocottes forestiers	32
œufs meurette en cocottes	36
œufs pochés en cocotte au bacon	38
œufs pochés en cocottes au chèvre et à la menthe	28
oignon rouge farci à l'agneau, féta et pignons	100

P

pain perdu au lait de coco, framboises et pistaches	170
petite fondue de fromages aux légumes	46
petits pains en cocotte	134
poire au vin et amandes	162
polenta gratinée à la tomate	128
pommes d'amour… une autre version	160
pommes grenailles, petits oignons et ail en chemise	42
pour des cocottes surprise… à décliner selon ses envies…	8

R

ravioles de Royan au bouillon de poule	146
ris d'agneau aux pleurotes et fèves	64

S

sabayon d'orange à la cannelle	178
Saint-Jacques à l'escabèche de légumes et épices douces	22
Saint-Jacques au fenouil, tuile de parmesan	24
soufflé au foie gras	124
soufflé de volaille à l'estragon	122

T

tian de figues et chèvre frais au romarin	136
tian de sardines et piquillos	112
tomates rôties à la vanille et au miel	158
tournedos de lapin aux navets et pruneaux	62
travers de porc et pommes grenailles caramélisées	78

V

velouté de cresson au saumon en cocotte feuilletée	12

Z

zuppa inglesa	152

INDEX PAR INGRÉDIENTS

A

abricot : 16, 152, 156, 160

agneau : 42, 64, 100, 140

ail : 12, 14, 32, 34, 42, 46, 50, 64, 74, 76, 82, 88, 90, 106, 112, 118, 128, 130, 140, 144, 150

alcool blanc : 22

amande : 56, 94, 130, 156, 160, 162

ananas : 72, 92, 132, 164, 168

andouillette : 114

anis (voir aussi badiane) : 22, 162, 176

armagnac : 180

artichaut : 44, 49

asperge : 41, 116, 130

aubergine : 49, 106, 146

avocat : 132, 168

B

bacon : 38, 134, 178

badiane : 22, 162

banane : 150, 160

basilic : 41, 44, 106

bière : 134

biscuit : 152, 158, 166

blette : 42, 110, 140

bœuf (voir aussi bouillon de bœuf) : 90

boudin noir : 92

bouillon de bœuf : 88

bouillon de légumes : 20, 44

bouillon de volaille : 42, 50, 52, 56, 74, 122

bouquet garni : 74

Boursin : 44, 142

brick : 8, 16, 56, 180

brioche : 170

brocoli : 66, 144

C

cabillaud : 112, 150

cacao en poudre : 174

caille : 148, 160

calvados : 180

camembert : 108, 134

Campari : 152

canard : 16, 102, 144

cannelle : 38, 56, 134, 162, 176, 178

caramel : 6, 72, 78, 86, 158

cardamome : 56, 140, 176

carotte : 22, 30, 44, 46, 70, 74, 84, 138

cassis (crème de) : 162

céleri branche : 12, 46, 49, 128

céleri rave : 52

cèpe : 32

cerfeuil : 70

cerise (voir sirop de cerise)

champignon : 32, 46, 50, 56, 118

champignon de Paris : 50, 118

chapelure : 64, 90, 106, 116, 144

châtaigne (voir aussi farine de châtaigne) : 49, 172

cheddar : 41, 46, 66, 144

chèvre (fromage de) : 28, 42, 108, 136, 140

chili (poudre et sauce) : 90, 94

chocolat noir : 152, 174

chorizo : 56, 112, 150

chou blanc : 22

chou chinois : 20

chou rouge : 72

ciboulette : 41, 102

cidre (voir aussi vinaigre de cidre) : 54, 70, 72

citron jaune : 56, 144, 162, 166

citron vert : 82, 102

citronnelle : 20

cocos blancs : 74

cœur de palmier : 102

comté : 46

concentré de tomates : 90, 106, 128, 150

confiture de fraises : 160

confiture de framboises (voir aussi framboise) : 160

congre : 96

cookie : 166

coppa : 41

coquelet : 54

coque : 68, 70

coriandre : 22, 26, 41, 88, 90, 146

courgette : 22, 26, 30, 49

crème fraîche : 24, 26, 30, 32, 50, 52, 56, 68, 70, 76, 118

cresson : 12

crevette : 78, 88, 116, 130

cumin : 16, 22, 26, 90, 100, 140

curcuma : 22

curry : 16, 22, 56, 84, 132, 138, 148

E

échalote : 36, 44, 50, 62, 68, 70, 72, 82

échine de porc : 86

endive : 49

épice tandoori (voir tandoori)

épinard : 94, 118

escargot : 130

estragon : 41, 122

F

farine de blé : 92, 110, 122, 124, 134, 156, 174

farine de châtaigne : 134

farine de seigle : 134

fécule de pomme de terre : 174

fenouil : 24

feta : 100

feuille de brick (voir brick)

fève : 64

figue : 16, 108, 136, 160

filet mignon : 86

filo (voir pâte filo)

foie gras : 41, 124, 148, 160

fond d'artichaut (voir artichaut)

fond de veau : 62, 64, 88

fond de viande : 82

fraise (voir confiture de fraises)

framboise : 26, 54, 152, 160

fromage blanc : 166

G

génoise : 152

gibier : 16, 49, 62, 102, 144

gingembre : 52, 56, 82, 86, 88, 92, 148, 164, 176

girolle : 32

gnocchi de pomme de terre : 98

groseilles (gelée de) : 108, 136

gruyère : 30, 110, 114, 122, 128

H

haricot rouge : 90

herbe fraîche : 30, 41, 44, 90

houmous : 26

huile d'olive : 14, 20, 22, 24, 26, 30, 32, 34, 42, 44, 62, 64, 90, 98, 100, 102, 106, 112, 114, 128, 136, 140, 150

huile de pépins de raisin : 64

huile de tournesol : 54, 64, 78

J

jambon blanc : 44, 49, 72, 142

joue de cochon : 74

K

kadaïf (voir pâte kadaïf)

ketchup : 82, 88

L

lait : 66, 84, 110, 122, 124, 128, 132, 142, 152, 172

lait concentré non sucré : 168

lait de coco : 26, 82, 168, 170

langoustine : 68, 96

lapin : 62

lard : 26, 36, 56, 62, 68, 76, 120, 134

lardons (voir lard)

laurier : 128, 138

lentilles (corail, noires et vertes) : 138

levure : 134

M

macaroni : 114

maïs (jeunes épis) : 88

Maïzena : 132, 142, 164

marinade : 6, 52, 60-61, 78, 82, 88, 102

marron : 52

mascarpone : 28, 38, 166

menthe : 28, 41

miel : 6, 8, 16, 22, 52, 56, 72, 82, 88, 92, 136, 158

moule : 68, 70, 96

mousseron : 32

moutarde en grains : 74, 114, 138

mozzarella : 49, 106

muscade (voir noix de muscade)

myrtille : 166

N

navet : 62

noix : 41, 134

noix de coco : 168

noix de muscade : 12, 76, 110, 118, 120

noix de pétoncles : 130

noix de Saint-Jacques : 20, 26

O

œuf : 8, 12, 28, 30, 32, 34, 36, 38, 40-41, 50, 64, 66, 84, 90, 92, 94, 114, 120, 122, 124, 132, 134, 140, 142, 152, 156, 162, 164, 166, 168, 170, 172, 174, 176, 178, 182

oignon : 22, 30, 34, 36, 42, 44, 56, 74, 76, 78, 86, 90, 100, 106, 112, 128, 138, 140, 150

olive noire : 14, 26, 98, 112

olive verte : 98

orange : 38, 52, 82, 134, 152, 162, 178

origan : 100, 134

P

pain brioché : 108

pain d'épices : 84, 138, 148, 160

pain de mie : 130

palourde : 70

panais : 44

parmesan : 24, 49, 98, 106, 110, 116, 122, 128, 130

pastis : 24, 96

patate douce : 26

pâte brisée : 8

pâte de sésame (voir tahiné)

pâte feuilletée : 8, 12, 50, 56

pâte filo : 8, 16, 56

pâte kadaïf : 8, 14, 56, 160

persil : 32, 41, 44, 64, 68, 70, 90, 130

petit pois : 44, 142

pignon de pin : 49, 100, 110

piment : 30, 94

piment d'Espelette : 34

piquillos : 112, 150

pistache : 160, 170

pleurote : 32, 64

poire : 92, 162

poireau : 12, 49

pois gourmand : 44

poitrine de porc : 38

poivron : 22, 30, 34, 56, 90, 112, 150

polenta : 30, 128

pomme : 54, 148, 160, 180, 182

pomme de terre : 26, 42, 49, 52, 76, 78, 96, 98, 118, 120, 140

porto rouge : 50

potiron : 172

poulet : 50, 52, 56, 88, 122

pruneau : 16, 62, 160, 180

Q

quatre-épices : 22, 56, 124

R

racine de persil : 44

radis : 46

rascasse : 96
raviole de Royan : 106, 146
raz el hanout : 16
reblochon : 76
rhum : 162, 164, 170
ricotta : 49
riz : 56, 86, 132
romarin : 14, 42, 108, 136
roquefort : 49
rouget : 14, 96
rouille : 96

S
sablé : 166
Saint-Jacques (voir noix de Saint-Jacques)
Saint-Pierre : 96
salade verte : 30, 108, 112, 136, 142
sardine : 112, 150
saté : 102
sauce hoisin : 78
sauce pimentée : 94
sauce soja : 52, 82, 86, 88
sauce tomate : 56, 90, 106, 128
saucisse de Morteau : 138
sauge : 144
saumon : 12
sésame : 26, 82, 86, 88, 132
sirop de cerise : 152
sirop de framboise : 152
sirop de grenadine : 160
sirop d'orange : 152
sole : 94
Spéculos : 166
sucre cassonade : 72, 92, 134, 148
sucre en poudre : 14, 20, 34, 36, 78, 90, 94, 106, 128, 144, 152, 156, 162, 166, 168, 170, 172, 174, 174, 178, 180, 182
sucre glace : 8, 156, 164
sucre semoule : 86

T
tahiné : 26
tandoori : 82

tapenade : 14
thé : 16, 20, 152, 156, 182
thon : 132, 168
thym : 14, 56, 62, 68, 112, 128, 138
tomate : 14, 30, 34, 41, 49, 56, 90, 106, 128, 134, 150, 158
topinambour : 44
travers de porc : 78

V
vanille : 152, 158, 160, 162, 172, 176
vermicelle chinois : 160
vin blanc : 22, 46, 56, 62, 74, 76, 78, 112, 130, 176
vin rouge : 36, 68, 162
vinaigre balsamique : 64
vinaigre blanc : 28, 38, 64, 72, 82, 148
vinaigre de cidre : 22
vinaigre de framboise : 54

Y
yaourt : 56, 82

REMERCIEMENTS

Un grand merci à Charlotte et Élodie pour leur bon goût, leur professionalisme et leur gourmandise.
Je tiens également à remercier mes complices de cuisine, Jérome, Carine et toute l´équipe du Café Noir.
Merci aussi à Christophe, mon ami et associé, toujours présent pour partager ces moments
et pour sons sens du détail.
Sans oublier bien sur toute l'équipe Marabout.

SHOPPING

LES COCOTTES :

Staub : www.staub.fr
Chasseur : www.invicta.fr
Revol : www.revol.fr
Le Creuset : www.lecreuset.com
Émile Henry : www.emilehenry.com
Mauviel : www.mauviel.com

LES COUVERTS ET USTENSILES DE CUISINES :

WMF : www.wmf.fr
Robert Welch design : www.robertwelch.com
Les couteaux Ceccaldi : www.couteaux-ceccaldi.com
Mora : www.mora.fr
Dehillerin : www.e-dehillerin.fr
Sagaform : www.sagaform.com

LES PLATEAUX :

Mitheis : www.mitheis-austrianbrand.at
Sagaform : www.sagaform.com
WMF : www.wmf.fr
The Conran shop : www.conranshop.fr

LES ACCESSOIRES :

l'espace Buffon : www.espacebuffon.com
The Conran Shop : www.conranshop.fr
Ikea : www.ikea.fr

LES TISSUS :

Les torchons Littéraires de Stephanie Radenac : www.stephanie-radenac-atelier.fr
Alexandre Thurpault : www.alexandre-turpault.com
Côté Pierre : www.cotepierre.com
Jeanine Cros : 11, rue d'Assas - 75006 - Paris
The Conran Shop : www.conranshop.fr

LES ASSIETTES ET PLATS :

Gargantua : www.gargantua.ch
Côté Pierre : www.cotepierre.com
Saga : www.sandrineganem.eu
Guy Degrenne : www.guydegrenne.fr

LES PLANS DE TRAVAIL :

Ikea : www.ikea.fr

LES CHAISES :

Ikea : www.ikea.fr

Les peintures
Ressources : www.ressource-peintures.com

Tous droits réservés.
Toute reproduction ou utilisation de l'ouvrage sous quelque forme
et par quelque moyenélectronique, photocopie, enregistrement ou autre
que ce soit est strictement interdite sans l'autorisation de l'éditeur.

© Hachette Livre - Marabout 2009
Dépôt légal : octobre 2009
ISBN : 978-2-501-05873-5
40-1120-1-01

Imprimé en Espagne par Graficas Estella

MARABOUT SE PRÉOCCUPE DE L'ENVIRONNEMENT

Nous utilisons des papiers composés de fibres naturelles, renouvelables et recyclables.

Les papiers qui composent ce livre sont fabriqués à partir de bois issus de forêts qui adoptent un système d'aménagement durable.

Nous attendons de nos fournisseurs de papier qu'ils s'inscrivent dans une démarche de certification environnementale reconnue.